當媽媽也可以不心累

透過情緒教練課，教媽媽們擺脫負能量、學會愛自己

權世演——著
譚妮如——譯

目錄

CONTENT

第二章 想擁有，休息的時間

第三章 想知道，未來

目錄

第四章 想要創造，幸福

CONTENT

推薦序

「請您一定要寫一本書。」

這句話是我初次向權教練說的話，也是我們緣分的起點。在一次偶然的機會下閱讀了權教練寫的文章。在閱讀的過程中，發現權教練十分擅長於表達心情。

截至今日我已有二十五年的教練經歷，有一個愉快的職業病，就是擅長挖掘出每個人優秀的一面。因此，我跟權教練提議：「希望她不是純粹地寫一篇文章，而是寫一本書。」從那日之後，權教練就將自己曾輔導過的案例，整理成淺顯易懂的文章，相信對任何人都有助益。

權教練去年一整年把所有的時間和精力，投入在輔導已婚婦女。和過去相較之下，近來的輔導風氣確實活躍許多，但事實上，並沒有普及於非企業的一般社會大眾。在現在的疫情影響下，權教練在家裡向站在新型冠狀病毒疫情先鋒的媽媽們進行輔導，鼓勵她們嘗試帶著希望重新站起來，就這點而言，我認為她值得獲得掌聲。

俗話說：「女人是脆弱的，但母親是堅強的。」無論媽媽多麼堅強，生活在從未經歷過的新型冠狀病毒疫情時代裡，讓她們承受著無數的挑戰。比起要求她們作為某人的媽媽或妻子多忍耐一些，她們更需要一個稱讚她們做得好，能給予她們無限愛和支持的人。權教練也身兼多職，扮演多重角色，既是扶養年幼小孩的媽媽，又是上班族，還是研究所進修的研究生，也是非常辛苦的堅持著！如今還動筆撰寫了這本書，一想到她每天過著多麼忙碌緊湊的時光，既感到不捨，又由衷地欽佩。但我認為她能讓媽媽們產生更多的共鳴，並給予真誠的支持。有一次我問權教練，是什麼樣的力量推動著她完成現在做的這些事情。權教練的回答很簡明扼要，但付諸實踐卻很難。

本身無任何宗教信仰的權教練，將輔導婦女視為支撐生活的動力。據說她每天凌晨四點起床，不斷重複寫著「謝謝！」「多虧有你！」「我愛你！」這三句話，並不斷回味沉思。

當寫完這三句話後，疲勞就會像謊言一般消除，精力充沛地度過愉快的一天。

總是像咒語一般熱情，有時熱切地傳達給自己的這三句話，然而，今天我也想對權教練說：「感謝您努力把輔導融入到日常生活的深處。」

「它的影響力仍然極微小，但多虧權教練的努力，促使著媽媽們正在嘗試著改變，振奮起精神來！」

權教練帶著迫切使命感完成了本書，渴望讀者們透過本書，體驗到各種輔導案例的經驗，實現自己想要的人生。書裡的故事雖然都是媽媽們的日常，事實上卻是生活在當下的所有人之縮影。當您慢條斯理地細細品味本書時，會在不自覺中湧出自己想做某事的企圖心。

權教練最近才成為我的學生，某一天在無師生關係的束縛下，以教練這一共同點愉快地相互交流時，權教練嚴肅地向我提出了一個問題：「教練，我可以稱教練為教練導師嗎？」

被問及此問題的當時，我不知道笑得有多開心。因為突然回想起二十五年前，自己初次開始輔導的熱情和純真的身影。如果權教練的純真心靈和熱情觸動了媽媽們的心靈，相信在不久的未來，不論是在韓國或國外，皆能以教練身份開創出屬於她個人的舞台。

誠摯地希望正在閱讀本篇文章的各位讀者，能夠重新發現自己生命中的寶貴價值，將本書運用在個人的人生和成長中，並感受到像我一樣的感動。

權世演教練的教練導師　保羅．鄭 (Paul Jeong) 博士

ICF 國際教練聯盟認證的大師級教練 (Master Certified Coach)

前言

背後的老二睡著了，

雙手推著嬰兒車，坐在裡頭的老大正哭鬧著。

往前……往後……

再往前……

內心希望這段時間趕快結束，身體卻在住家的附近毫無目的地遊蕩。

我的雙眼雖凝視著老大，事實上，卻沒在看她。

然後，毫無焦點的目光卻駐留在眼前某個地方。

在漆黑中，一盞橙色路燈，正映照在一位身著哺乳衣的女人身上，她正漫無目的的滑著手機，並長嘆了一口氣。

「公車站」

那個位置我也曾坐過，
她的茫然…疲憊…
手足無措的悲傷眼神清晰可見。

我想坐在她身旁，借她肩膀倚靠，
但我背上與手中都各有一個孩子，只能與她擦肩而過。

她站了起來，拍了拍身體準備離去，
我僅能全心全意地為她加油。
雖然這是幾年前看到的場景，至今仍然歷歷在目，也許那天我所見到的女人，說不定不是他人，而是我自己。

公車站義大利語為「fermata」。

Fermata（延音）作為音樂用語時，有「休息一會兒，停頓一下，延長兩三倍」的意思。

即使是一樣的「延音（Fermata）」，隨著作曲家的意圖不同，出現在不同的音樂旋律上時，聽歌的感覺亦隨之而異。

當在歌曲高潮時遇見延音，會促使戲劇性的緊張感達到最高點，聽眾也會屏氣凝神地沉浸其中，延音收尾時，緊張感也會舒緩，變得舒服。

反之，在輕鬆旋律的最後一個音符遇見延音時，觀眾感受到音之餘韻，處於放鬆的狀態。

Fermata又再次回到原本的「車站」意思時，隨著使用車站之人的目的而異，有可能成為終點，也有可能是起點或轉乘站。

但可以肯定的是，我們的目的地若很明確，所待的車站就不會是靜止的，而是與希望連結在一起，可以去到任何一個地方。

若加上「一起」這一個詞的話，那就無懈可擊了。

而這本書則講述了她們「短暫」停留的故事。

不僅與她們交談，更努力用內心聆聽她們的故事，不僅解決她們的問題，也記錄了她們自己的生活。

「在生活的過程中，賦予自己改變與成長的最明確動機為何？」這個問句，在整個記錄過程中，不斷地盤旋在腦海裡。

最後，我從許多曾交談過的人所講述的內容中，找到答案了。

「似乎好久沒有談這麼多關於自己的故事了，現在感覺我生命中的濃霧已消散，變得更加清晰，非常感謝你願意聆聽我的故事。」

肯定我並因為我的話語，投以感激的眼神，賦予了我最明確的動機。

在撰寫本書的過程中，十分感謝她們陪我聊天，讓我能感受到自己還活著，是個有價值的存在。

現在我能靜靜地坐在……
獨自坐在車站的她身旁，
並把肩膀借給她依靠，真慶幸！

二〇二一年七月
職涯與生活教練 權世演（권세연，Kwon Se-yeon）

既不是以媽媽或妻子的身份，
而是以權世演身份撰寫這本書，用感動的心傳達給你們。
總是以媽媽或妻子角色在他們身旁的我，
在開始尋找自己的旅程中，因我個人的轉變，
而感到不知所措，卻又默默守候著我的丈夫正賢（정현）；
以溫暖的同理心，每天讓人留下深刻感動的大女兒小敏；
總是用撒嬌和滿滿的愛，讓我笑容綻放的二女兒小媛。

謝謝！
託你們的福！
我愛你們！

我生命中最好的禮物，
爸爸、媽媽，我愛你們。

第一章

想找回，我自己

致 需要找到勇氣的你

「一天要唱幾次〈gang〉？一天唱一次〈gang〉？」

早餐後唱一次〈gang〉，午餐後唱一次〈gang〉，晚餐後唱一次〈gang〉，一天要唱「三次」。這裡說的不是蝦味先（새우깡）、馬鈴薯棒（감자깡）、番薯棒（고구마깡）中的gang（這三種餅乾的韓文名稱最後一個字的發音都是gang）。

這是歌手Rain在二〇二〇年綜藝節目中親口說的話。

風靡二〇〇〇年代的Rain曾是韓國排行第一的男歌手，二〇一七年發表的新歌〈gang〉被嘲笑為「病味歌」，歌詞幼稚自大，許多聽眾們都爭相模仿其

誇張的舞蹈動作。二〇一九年 Rain 主演的《自行車王嚴福童（자전차왕 엄복동，Race to Freedom: Um Bok Dong）》電影票房也慘敗，Rain 成了嘲諷失敗的代名詞。

當被視為過氣明星的 Rain 說要參加週末綜藝節目時，大眾擔心他會退縮。但 Rain 以一天唱一次〈gang〉這句話，打出了反敗為勝的全壘打。不管是誰取笑他，但因〈gang〉是他自己盡全力創作出來的歌曲，所以才能如此自豪。

人們對於 Rain 堂堂正正的心態而狂熱，再度掀起了「gang 熱潮」。

Rain 不再是過氣的明星，而是對每件事皆充滿熱情，全力以赴的人。

Rain 在接受採訪後，展現了比過去更成熟的舞蹈實力，並使人們知道努力生活對所有事情都有正面的力量。

✕✕✕

權教練：你今天的心情會讓你聯想到什麼顏色？

美靜：聯想到綠色，因為最近去了很久沒去的大自然玩了，覺得太開心了！

權教練：是喔，你去了好久沒去的大自然玩了，真羨慕！我也想去大自然。

美靜：教練，我們下次一起去吧！

權教練：好啊！

權教練：下次有機會，一定一起去！一言為定！有沒有想過今天要與我聊什麼話題呢？

美靜：我從來沒想過想成為什麼樣的人。只是順應現實過生活！但並不意味著後悔過去。但最近我開始很羨慕那些追求夢想的人，所以我想瞭解自己真正想要的是什麼？

權教練：想知道自己真正想要的想法，本身就很酷！若用一個詞來表達你想要的，你會用哪一個詞？

美靜：我想追夢，但該怎麼實踐呢？

權教練：對美靜而言，夢想意味著什麼呢？

美靜：夢想似乎是讓生活變得更有趣的原動力。

權教練：原動力！很好！你周遭有夢想明確、朝著夢想前進的人嗎？

美靜：我的先生！

權教練：哇！原來是你的先生！可以具體說明一下嗎？

美靜：先生若有自己想要完成的夢想時，會分階段去完成。我丈夫的夢想是在郊區開一間咖啡館。

權教練：他正在追求一個帥氣的夢想。你能分享一下當看到先生的哪個面貌時，會覺得他正在努力？

美靜：首先，他努力存錢，接著，親自探勘要開設咖啡館的地點。

權教練：看著他做準備的樣子，你覺得他的心情看起來怎麼樣呢？

美靜：他看起來很愉快！看到他知道自己想要什麼，並努力做準備的樣子，真的很羨慕！

權教練：那麼，美靜今天也透過與我的交談，開始追尋夢想，認真做準備，這應該也會成為追尋夢想的愉快準備過程了吧！

美靜：好的！

權教練：美靜，你最近為了實現夢想做了哪些努力呢？

美靜：與其說是為了實現夢想，不如說是我從去年九月開始就重回職場，又重拾中斷十年的工作，覺得十分有趣，但也遇到不少困難。

權教練：原來已經開始工作了！重拾中斷十年的工作！真的太厲害了！你能告訴我你是從事哪方面的工作呢？

美靜：我是職涯諮詢師。

權教練：哇！你是從事為他人找工作的職涯諮詢師，自己卻說在追尋夢想，真有趣！能更具體地談談嗎？

美靜：我的工作有很多機會與他人見面交談。聽到他們的談話內容時，我既感到很遺憾，也很關心，但常感受到非我能力範圍所及的極限，覺得很辛苦。

權教練：我能感受到美靜對於所遇見的人帶有豐富的同理心，想提供他們更多的幫助，對嗎？

美靜：是的。然而，因心有餘而力不足，有時不僅覺得工作很無趣，甚至會感到很疲憊。

權教練：你認為當哪些事情改變時，對工作會有幫助呢？

美靜：嗯，事實上我想成為以轉業為主的職涯顧問。

權教練：原來想成為以轉業為主的職涯顧問啊！那麼起初你為何說不知道自己想要做什麼呢？

美靜：似乎只是因為自信不足，很難開口說出來。

權教練：喔，那麼現在想說出來的心情為何呢？

美靜：不知為什麼覺得現在說出來的話，似乎可以找到答案。

權教練：若想成為剛才你所說的以轉業為主的職涯顧問，那方法找到了嗎？

美靜：是的，似乎找到答案了。

權教練：是嗎？你是說找到答案了？

美靜：在談這個問題的過程中，我突然浮現一個想法，若想成為一名以轉業為主的職涯顧問，只要開始學習即可。現在有開設相關的教育課程。但到目前為止，可能是因為工作與養育孩子都要兼顧，於是感到有點恐懼。

權教練：工作與養育子女都要兼顧，的確不容易。那麼是什麼樣的原因促使你產生勇氣的呢？可以問嗎？

美靜：就像剛才教練所說的，我真的很想對所遇見的人提供協助，但因為自己能力不足，似乎被自己做不到的想法給侷限了。事實上，只要我透過學習，提高自己的能力就可以了，但似乎沒有足夠的勇氣開始實踐。

權教練：你都能克服困難，重拾中斷十年的工作了，我相信你可以做得很好的！那打算什麼時候開始學習呢？

美靜：從明天開始，我就會去查詢是否有相關的線上課程，之後還再報名最初階的課程。

權教練：很好，十年後的美靜會想要對現在的美靜說什麼話呢？

美靜：現在下定決心學習的想法，真的很棒！很辛苦吧！多虧我當時努力學習，現在才能成為以轉業為主的職涯顧問，並有趣地工作！一切都會好轉的！多努力一些吧！

權教練：哇，我也會為你加油的！下次若有轉業諮詢需求時，也可以向你請教嗎？

美靜：那當然，一定會提供諮詢的！謝謝！

權教練：你有更多想說的話或新感受，可以再跟我分享嗎？

美靜：啊，我真的很喜歡歌手Rain。因為他是一個無論做什麼都會成功的人，時常表現出努力不懈的態度，我也想成為那樣的人。今天在跟您聊天的過程中，發現自己有想很多想做的事情，卻沒有努力的信心。

我之所以想成為一名以轉業為主的職涯顧問，並非只想做好工作而已，而是希望給予更多人幫助，因為這樣的心情，真的想嘗試看看。我會試著努力看看。

權教練：我也會為你加油！謝謝你的分享！

美靜：我也十分感謝教練！

×××

要完成一定的實習時數後，才能參加教練資格證考試，於是內心不斷掙扎。我若沒有顧問資格證，該怎麼跟他人說，對他人指導呢？對認識的人指導，與其說是指導，不如說是聊聊日常生活瑣事，對不認識的人指導，能力略嫌不足，該怎麼做，真是個難題。

正在撰寫書籍時，有幾句話突然映入眼簾。

「沒有必要一開始就很優秀。但為了成為卓越者，就必須開始。」

——吉格・金克拉（Zig Ziglar）——

即使以後要做偉大的事情，但現在我想先開始從事教練的工作。在網路心情聊天室裡留下了提供諮詢的字句，請想接受諮詢的人提出申請等。

像「誰會接受我的指導？」這樣的擔心已不再有，且為了提供他人最佳的諮詢而縮短睡眠時間，現在不僅得到了教練資格證，並以這些經驗為基礎，提筆撰寫了本書。

起初我也害怕，擔心會不會白白浪費了對方的寶貴時間？

但是現在想起來，其實並不是害怕浪費對方的時間，似乎是更擔心被指責。若直接面對「這個也叫諮詢嗎？」的指責時，「我果真能承受得住嗎？」的想法絆住了自己前進的腳步。但是，擺脫了這樣的恐懼，一步一步地往前邁進，結果現在我成為提供已婚婦女、媽媽們諮詢的教練。開始時雖然是不足的，但現在不僅提供媽媽們諮詢，還對各行各業的人提供諮詢，每天都忙得不可開交。

如果去年我沒有開始，根本無法想像目前的樣子。

思考一下

不要低估你擁有把生活導引到新方向的能力。

—— 賈莫妮・肯特（Germany Kent）

◆ 若你低估和侷限了自己，你會有什麼感覺？

◆ 如果別人好像在批評自己時，你會有什麼感覺？

◆ 周遭有個說好聽的話讓自己開心的人，那麼原因是什麼呢？

◆ 想像一下，當你得到了周遭的人肯定。你會產生什麼樣的感覺？

致 討厭職場殘酷現實面貌的你

古希臘哲學家亞里士多德曾說過：「人類是社會性的動物。」這意味著，若人類要群聚在一起生活，避免發生衝突，就必須遵守社會規則。但並非所有情況都有訂好的規則。我們如何在不發生衝突下維護和平呢？那就是要會立即辨別及有智慧地處理各種情況。

心理學家馬克・斯奈德（Mark Snyder）把觀察、感知的概念解釋為「自我監控」。自我監控，是指邊觀察周圍的反應，邊調整自己的言行舉止。越是遊刃有餘地做好自我監控，越會被稱讚是一個「善於社交生活」的人。若做不到，就會經常聽到別人說：「你怎麼這麼缺乏社交能力？」等話語。

若做好自我監控，在社會上能獲得更多正面評價。

但因為常常費心思在觀察他人的反應或狀況，所以自己的內心也經常承受極大的壓力。由於壓力過大，嚴重的話可能會引起心理疾病，因此，做好心理管控是非常重要的。

為了不讓自己壓力過大，我們該如何管控心理呢？

✕✕✕

權教練：你今天心情如何？

淑賢：我的心情很疲憊，想要好好休息。

權教練：用顏色來表達這種心情的話，最接近什麼顏色呢？

淑賢：我的心情就像在水面上放入五～六種顏色一樣。稍微晃動一下，就會混合在一起。

權教練：你的表達能力真的很強啊！那是什麼樣的感覺，我馬上就能明白。那些顏色只要稍微搖晃一下，就會全部混在一起，但為了讓這些混合的顏色變成充滿希望的顏色，我今天將竭盡全力，和淑賢談一談。和我談什麼樣的主題好呢？

淑賢：我在公司的經營企劃組工作已經七年了。這期間我們的本部長已換了幾個人了，屬於很混亂的時期。現任的本部長已任職三年了，只有在頭一年的狀況勉強說得過去。但最近我的心情卻很煎熬，和本部長一起工作的時候真的很不自在，但仍要在她面前強顏歡笑，但在她背後就會忍不住一直抱怨，對於這樣的我感到極度厭煩極了！我想解決這樣的情況。

權教練：你在職場上工作了很長的時間。現在的工作對淑賢而言，具有什麼樣的意義？

淑賢：在進入公司初期，認為工作是自我實現的一種手段，想好好做，也真的很認真去做。但現在我感覺只是一種謀生手段，這讓我很煎熬。

權教練：你在公司時，什麼時候會感到有最大的成就感？

淑賢：剛進入公司沒多久時，在七百多人聚集的場合裡，大家一起觀看我所製作的影片。當時有很多人稱讚我做得很好，給了我很多鼓勵，自己感到十分欣慰，但從那以後就沒發生過什麼特別的情況了。

權教練：哇，在七百多人聚集的場合上播放自製影片，真是個美好的經驗。在現在公司上班的最大優點是什麼呢？

淑賢：可以補貼孩子們的教育費。因為有兩個孩子，所以這個工作收入可以給我很大的幫助。補習費很貴，因為我是孩子的媽媽，所以我要繼續上班。

權教練：你最近上班時最常想著什麼？

淑賢：一直覺得和本部長一起工作很煎熬。

權教練：本部長的哪一點讓你覺得煎熬呢？

淑賢：她的記憶力不好，常常朝令夕改，喜歡虛張聲勢。每當有事情發生的時候，不願承擔責任，只會急忙地抽身及推卸責任。

權教練：那麼本部長有什麼優點呢？

淑賢：嗯…本部長事業心強，工作也做得很好，解決問題的能力也非常出色，臉蛋也很漂亮，經常請我們吃美食。

權教練：那麼本部長的這些優點中，有哪些對淑賢有幫助呢？

淑賢：她工作能力很好，我也學習了她的優點，似乎變得比較細心、嚴謹。然而，每當有麻煩的事情，她就會逃避，經常由我們收拾殘局，所以我覺得很有壓力。

事情是這樣的，每次看到本部長就會很想生氣，但又不能生氣，還要在她面前強顏歡笑，但在背後卻會一直罵她，這樣的情況不斷惡性循環，內心覺得很痛苦，這是最近最讓我內心感到煎熬的一件事情。內心真的很討厭她，卻必須要強顏歡笑。

權教練：感覺你壓力真的很大、很煎熬！你曾試著擺脫這樣的狀況嗎？

淑賢：事實上，我想到宣傳組工作，聽說這次正好有一個空缺，所以正在考慮要不要向人事室申請部門調動。

權教練：你想去的部門正好空出個職缺，那你猶豫的原因是什麼呢？

淑賢：本部長好像不會把我調到那個職缺，她一直說和我的工作默契最佳。

權教練：若本部長不把你調到那個職缺，那你還願意繼續在待在現在這個部門工作嗎？

淑賢：哈哈哈，我不願意，我想調職。

權教練：若你一直待在現在這個部門，你覺得在這間公司還能待多久呢？

淑賢：從來沒想過這個問題，以現在這樣的狀況，最久也只有半年左右。

權教練：那麼現在可以試著做哪些努力呢？

淑賢：必須儘快跟人事室詢問。

權教練：你打算什麼時候去詢問呢？

淑賢：我想明天上班時，就馬上過去詢問。

權教練：好的，很好。淑賢今天說，對於自己和本部長相處時常前後不一致的面貌，內心感到很煎熬，為什麼這麼做會讓自己內心感到很煎熬呢？

淑賢：這讓自己懷疑是不是有雙重性格？懷疑自己的社會生活真的要過到這種地步嗎？所以才會產生這樣的感覺。

權教練：請問你在本部長面強顏歡笑，在背後批評，是想要得到什麼樣的結果嗎？

淑賢：畢竟她是我的上司，要在她面前討好她，職場生活才會順利。

權教練：那麼在背後批評可以得到什麼好處呢？

淑賢：心情很舒暢，隔天又會有工作的動力。

權教練：與其行為前後一致，在公司工作沒有動力，不如產生動力在公司把工作做得更好，這樣不是更好嗎？

淑賢：喔，對啊。這對我和公司都有好處。

權教練：現在談話的過程中，有浮現出新的想法嗎？

淑賢：是的，當然有。在今天聊天之前，我以為自己永遠無法擺脫這樣的泥沼。到底要到什麼時候，還要在令人討厭的本部長面前虛偽的笑，每天都覺得悶悶不樂。因為本部長在公司的影響力很大，所以現在覺得似乎把自己無能為力的想法過於放大。現在仔細想一想，剛好想去的部門有了空缺，卻又因為自己想太多而猶豫不決。我不想再看部長的臉色了，如果可以調動部門，我想我就可以更開心地工作了。

權教練：淑賢說可以更開心地工作這句話時，話中充滿活力！我相信你一定做得到。

權教練：諮詢的時間快接近尾聲了，還有什麼話要跟我說嗎？

淑賢：事實上，是有辦法解決的，是我自己太過鑽牛角尖了。今天在談話的過程中，感覺能以客觀的角度看到事情的全貌，所以頭腦有比較清醒了。我覺得不管做出什麼樣的決定，都比離開公司好，我明白到什麼才是最重要的。我產生了勇氣，謝謝教練！

權教練：哇！你說自己產生了勇氣，我也為你感到高興，我會為你加油的！

思考一下

「成年的大象為何不逃跑呢？」
據說，在動物園裡，大象出生後，會在牠們的腳踝上套上堅固的枷鎖。小象走了太遠時，腳銬就會變得越緊繃，讓腳感到疼痛，使其產生不能再走的恐懼感。大象成年後有足夠的力量，可以掙脫腳銬，但大象記住了那種恐懼感，放棄了新的挑戰。大象記得小時候的痛苦，不再有往前走的念頭。

◆ 現在的你有什麼話想對成年的大象說嗎？

....

....

....

◆ 聽完這個故事以後，你希望成年的大象做出什麼樣的舉動呢？

....

....

....

◆ 如果按照你說的那樣實際付出行動時，你想用什麼話稱讚那頭大象呢？

....

....

....

致 育兒之外仍想要開發潛能、找新工作的你

ＬＧ經濟研究院研究員羅俊浩（나준호）在「線上人才平臺改變了職場世界」的報告書中，提到「今後的工作機會即使不再是企業的全職工作，但工作機會也會更加多元化、靈活，範圍更廣。」「不是打開日益狹窄的就業之門，而是嘗試自我僱用的機會增加，以兼職或專案型態，與多家企業同時合作的自由工作者或兼職（multi-job）者的人數也將隨之增加。」

要如何努力抓住自我僱用的機會呢？

（註：自我僱用的主要收入來自為別人服務所得的報酬，因此，雖然沒有固定的直屬主管，但卻有許多付你薪水的老闆。要做到客戶滿意，才能確保有

持續的工作收入。）

✕✕✕

權教練：你最近心情如何？

智慧：很迷惘！正準備離職。

權教練：我能問一下你準備離職的原因嗎？

智慧：我是公務員。育嬰假結束之後，我必須要到較遠的地方復職，與先生只能當周末夫婦，我覺得這點很難克服！

權教練：你正在做困難的抉擇啊！如果用顏色來表現最近感受到的心情，會最接近什麼顏色呢？

智慧：我想起了深藍色、藍色和灰色。覺得有點鬱悶，感覺卻有點鮮明。然而，因為我有想要找到出路的想法，於是想起了藍色系。

權教練：我今日會全力以赴，透過談話幫助智慧找到出路的。我們今天要談什麼主題呢？

智慧：在育嬰之餘，為了找到離職後還能做些什麼，所以想開發自我潛能。

權教練：能請你說得更具體一點嗎？

智慧：我想做好時間管理。時間對任何一個人都是公平的，都給予二十四小時。想在這段時間內做想做的事，毫不留戀地拋開一切，重新開始把工作做好。

權教練：你最近為管理時間付出了什麼樣的努力？

智慧：我打算訂定生活計劃表，並進行自我潛能開發。

權教練：自己訂定生活計劃表，進行自我潛能開發，真的很厲害！你能和我分享一下嗎？

智慧：清晨五點起床，五~七點閱讀育嬰書籍、學習股票，八點半孩子起床後，吃早餐，九點左右送他去托兒所，十二點之前做家事，下午一點吃午餐。

下午三點之前管理自己的部落格，三～四點學習英語。四點鐘孩子下課，一直到九點之前和孩子一起玩、吃飯，孩子上床睡覺之後，就擁有個人的時間。

權教練：智慧在跟我聊了一天當中所做的事情時，產生什麼樣的心情？

智慧：覺得每天生活過得很緊湊，但沒有一件事做得完美，所以有點鬱悶的感覺。

權教練：要如何擺脫這種鬱悶的感覺呢？

智慧：上午整理家務，下午在部落格上寫文章，之後想要學習英文，但又會覺得很疲倦，精神很難集中。而且晚上孩子太晚睡了，所以覺得精疲力盡。

權教練：要怎麼樣才能讓孩子早點睡覺呢？

智慧：我不太清楚！他真的不想早點睡覺。關燈後，還能玩一個多小時。孩子吵著要我念書給他聽，我也念了，但常常是我先睡了，他仍然一個人繼續玩。

權教練：智慧什麼時候會比較早睡覺？

智慧：很累的時候，或者比平常早起的那天會提早睡覺。

權教練：過去你曾想過孩子晚起床的原因嗎？

智慧：清晨我需要騰出時間來學習，所以會讓孩子睡到較晚。自然而然地，就覺得孩子晚起也是件好事。

權教練：如果你的孩子將來習慣了晚睡晚起的生活後，那會發生什麼樣的事情呢？

智慧：要早睡個子才會長高，精神狀況也才會好，然而，現在這一切似乎都沒做到！

權教練：以後準備怎麼做呢？

智慧：我要縮短清晨學習的時間，要讓孩子早起，就得早點哄他睡。

權教練：現在要試著開始談第二個話題。你說，早上做家務，下午寫部落格、學習英語，所以很疲憊。如果在精神疲憊的狀態下學習英語，你覺得效果如何？

智慧：精神要好，也才能學得有效率。

權教練：你能分享一下改善自己精神狀況的方法嗎？

智慧：我不太清楚該如何改善，只是覺得每天都很疲倦。

權教練：你在早上先做家務的理由為何？

智慧：想在自己精力充沛的時候完成。

權教練：所以早上的你精力充沛！那麼，在家務、英語學習、寫部落格這三者當中，對智慧而言，哪一項最為重要？

智慧：學英語和部落格。

權教練：你能分享一下，為什麼英語學習和部落格更為重要？

智慧：不管怎麼說，學英文就是自我開發的部份，學會了會感到很欣慰。經營部落格也能有收入，所以若能提早做好，心情會覺得比較舒坦。

權教練：什麼時候學習英語、寫部落格好呢？

智慧：喔⋯那我早上要學習英語、寫部落格！

權教練：那下午大概有三個小時，只做家務嗎？

智慧：哦，不是。整整三個小時只做家務，覺得太缺乏效率。有段時間沒運動了，感覺運動會更好。

權教練：什麼時候做運動好呢？

智慧：做家務、做運動各一個小時，休息一個小時左右，再等著孩子下課即可。

權教練：如果想長期堅持今天和我談的事情，最好做哪些努力呢？

智慧：我認為最好擬訂一個新的長期計劃。如果只做短期的，不太能持之以恆。

權教練：什麼時候可以擬訂一個長期計劃呢？

智慧：我想明天早上就可以馬上能擬訂了。哈哈！

權教練：今天除了育嬰之外，還談到了自我潛能開發，你能再分享一些想要分享的事情或新的感受嗎？

智慧：自己訂定生活計劃表，努力執行，卻一直覺得做得不太順利。今天在和教練聊天的過程中，發現自己的時間安排有改進的空間。產生了想依新計劃日程表執行的念頭，所以心情很好。確定了自己想要的方向是長期的，而不是短期的，覺得很開心。謝謝教練！

權教練：我也很感謝你！設定自己想要的具體目標，從重要的事情開始著手，就能把事情做好。如果現在你想給自己一句鼓勵的話，想說什麼呢？

智慧：這段時間，你養育孩子、寫部落格、學習英語，辛苦了！只要像現在這樣做，你就能馬上達到你想要的目的。你一定會做得很好的！加油！

權教練：聽到你強而有力的加油聲，我也振奮了起來，我也會盡我所能為你加油的！

×××

「媽媽，今天能不能不做數學題目？可以嗎？就今天！就這麼一次！」

我帶著敏銳的眼神，用著冷漠的聲音回答：「為什麼？」

「太多作業了，好累哦～」

孩子喃喃自語，臉上露出了世界上最痛苦的表情。

這是孩子上小學一年級後，每天晚上九點就會發生這種狀況，這時我就會開始長篇大論地嘮叨起來。

小敏啊，剛才吃完午飯，在看 Youtube 的時候，不是要你先做完題目再看嗎？

「嗯！」

「看完 Youtube，和小媛玩的時候，不是叫你先做題目嗎？」

「不是叫你不要看卡通，先做題目嗎？」

「嗯！」

「我是不是一直都叫你先做題目，再做其它的事情嗎？」

這句話就像歌曲的副歌部分重複很多遍，孩子聽到就唉聲嘆氣！

而且就像在看這世界上最壞的媽媽的怨恨眼神望著我，一手抱著題目，搖搖晃晃地走到書桌前，讓我覺得有點心疼。

小敏每天要做的題目分量，是國語三頁、數學二頁、算數二頁。用時間來計算，每個科目各十分鐘，總共三十分鐘左右。這樣的份量算多嗎？

過了這幾天，覺得不能再這樣了，決定想一個方法來解決。我在Ａ４紙上列出日期和題目清單，讓小敏可以一目瞭然，每天讓她在清單上標示出完成的記號，做完後，即可以做自己想做的事。

小敏早上睜開眼睛，把擺在旁邊的清單打開，開始做題目。小敏做完題目之後，除了Youtube和手機遊戲之外，可以隨心所欲地做其他事情。

從那天以後，過去不分晝夜，隨時會響起的「我有沒有叫你先把題目做完？」的上癮性很強的副歌，就在我家中消失。

引進列清單的方法之後，約過一個星期左右，小敏晚上跑來問我。

「媽媽，我為什麼晚上沒事做？有什麼該做的事嗎？」

幾天前，只要到晚上八點的時候，小敏就會坐立難安。因為還有題目沒有做，她知道卻很不想做，然而又不想被媽媽罵，以前只要到了晚上九點就要賴的孩子，現在卻悠閒地像是在跟媽媽開玩笑似地提出了這個問題，我也因為她的提問而開懷笑大笑。

小敏呆呆地看著突然笑出來的我，於是我止住了笑意。

「小敏啊！早上你從該做的事情開始做起，而且完成它，感覺怎麼樣？」

「晚上時間也變多了，也不再被媽媽罵了！真好！」

「嗯？你只覺得不被媽媽罵很好嗎？有沒有其他好處？」

「以前每次做什麼的時候，媽媽都會要我先把題目做完，所以覺得很煩，現在我感覺很輕鬆，因為媽媽說，只要我做完作業，無論我想做什麼都可以。」

「離睡覺還有一個小時。現在，你打算做什麼呢？」

「那麼我要看看那本書。上次看過，覺得很有趣。」

「是嗎？開心地看！媽媽愛你哦！」

「媽媽，我也愛你。」

她用那小手臂摟住我的脖子，開心地搖晃。她從書架上把書籍拿下來，興高彩烈地離去，我的心情也變得舒暢。

思考一下

如果想要獲得優異的成果，就要知道自己的時間很珍貴，並先做好規劃。

—— 娜傑日達．康斯坦丁諾芙娜．克魯普斯卡婭（Nadezhda Konstantinovna Krupskaya）

◆ 你的生命中什麼事情最重要？

……………………………………………………………………

……………………………………………………………………

◆ 在做最重要事情的過程中有絆腳石嗎？

……………………………………………………………………

……………………………………………………………………

◆ 萬一有絆腳石，你要怎麼克服？

……………………………………………………………………

……………………………………………………………………

◆ 你有什麼話想對克服絆腳石，完成重要事情的自己說嗎？

……………………………………………………………………

……………………………………………………………………

致 人生只有一次，想全力以赴活下去的你

「我確實有一項與眾不同的地方，就是不怕隨時會在跑步機上死亡的態度。

沒有人比我做更多的運動，

當然，比我更有才華，更有魅力的人很多吧！

雖然看起來有點愚蠢，但我卻不間斷地努力。

如果我和某人踏上跑步機，只會發生不是對方棄權，不然就是我先死的情況。」

這是曾獲得奧斯卡提名、獲得葛萊美獎的演員威爾．史密斯在某次採訪中，

當他被問及獲得成功的祕訣時，他所做的回答。

✕✕✕

權教練：你今天的心情會讓你想起什麼顏色？

智敏：灰色。不是淡灰色，而是烏雲密佈的灰色。

權教練：你能再具體說明一下你這樣表達的理由嗎？

智敏：我想竭盡全力好好過生活，但我不知道該怎麼辦，覺得茫然失措！

權教練：對智敏而言，竭盡全力的定義是什麼呢？

智敏：似乎是朝著某個目標熱切地努力吧！

權教練：你能跟我談談你曾為了某件事情迫切地努力過嗎？

智敏：沒有，那樣的經驗並不多。

權教練：今天智敏說：「想竭盡全力好好過生活，卻茫然不知所措。」

是什麼樣的契機促使你萌生這樣的想法呢？

智敏：我現在經營一間鋼琴學院。然而，我不太會彈鋼琴。

權教練：能再具體分享一下嗎？

智敏：我在大學時主修古典鋼琴。

但是我討厭學鋼琴，以逃避為目的主修鋼琴，卻在大學一年級就辦理退學了。

偶然我有個彈爵士鋼琴的機會，因為覺得很有趣，就改以爵士鋼琴為主修，再次進入大學就讀。

權教練：第二次你進大學就讀，是自己的意願嗎？大學生活過得怎麼樣？

智敏：是的，但真的太辛苦了！

權教練：能說得更具體一點嗎？

智敏：很難以我的實力進入第二間大學，只是運氣好才考上的。

權教練：難道是那個運氣讓你感到艱辛嗎？

智敏：考試前我真的只練習了一首曲子，但考試真的就考那首曲子。我準備了十個面試問題，真的好神奇，問題都在那裡面。

權教練：即便如此智敏經過練習後，能考上也可以說是靠實力啊，你覺得呢？

智敏：沒錯。然而，那真的是運氣很好。我真的只練習一首，就去參加考試了，還真的考上了。

權教練：你在大學的情況怎麼樣？

智敏：是有點痛苦。

權教練：然而，促使你大學畢業的動力是什麼？

智敏：這次告訴自己一定要畢業，就堅持下來了。

權教練：有什麼契機促使你產生一定要大學畢業的想法？

智敏：曾經有過一次大學被退學的經驗，體悟到需要有文憑才能工作，而且與別人相處時，我可以變得更有自信。

權教練：你大學畢業時的心情如何？

智敏：我真的很後悔。不知道學到了什麼？與其說是努力上大學，不如說是在逃避中學習，似乎是勉強畢業的。

權教練：然而，大學畢業的好處有哪些呢？

智敏：有大學文憑，在工作的時候，有些部分會比較輕鬆。

權教練：原來如此！真的費了很多心思。你有沒有想過今天要談論什麼主題呢？

智敏：想銜接剛才的話題。我知道人生就只有這麼一次，想知道竭盡全力生活的方法。想成為一名鋼琴演奏得好、又能教得好的教師。我想朝這個方向努力看看！

權教練：談到竭盡全力努力過生活的人時，會想起哪一位？

智敏：我的朋友當中真的有個十分努力的朋友。那個朋友真的很拼，不曾鬆懈過！

權教練：那是什麼樣的努力呢？

智敏：我上完課後，稍微練習一下，就不想再練了。但我朋友會把練習的狀況錄音起來，重聽之後、再次練習。不斷反複這樣的過程。

權教練：那麼你曾為了彈好鋼琴，而做了哪些努力呢？

智敏：我經營鋼琴補習班的時候，也一直在上課進修。

權教練：你上過多久的課？

智敏：生孩子前，上過幾個月。

權教練：那現在呢？

智敏：現在我得照顧小孩，不能一直上課。

權教練：當你成為鋼琴演奏得好、教得好的老師時，你想做什麼呢？

智敏：我想出一張自己創作的演奏專輯。

權教練：你還想做什麼事嗎？

智敏：我想讓學生們上我的課可以更有信心。

權教練：若想達成這些目標，需要做哪些努力呢？

智敏：首先，似乎需要騰出時間來練習。

權教練：有哪些方法可以騰出練習時間呢？

智敏：似乎要和丈夫協調照顧小孩的時間，再去進修才行。

權教練：你什麼時候可以排課？

智敏：我想每個星期六下午，大概可以安排一個小時的時間。

權教練：一個小時夠嗎？

智敏：上一個小時的課，錄音後，晚上在家練習一個小時左右，應該就夠了！

權教練：白天在補習班上課，晚上回家再繼續練習的話，體力上還可以嗎？

智敏：雖然會很辛苦，但現在是該開始努力執行的時候了。

權教練：你說現在是該努力的時候，那可以談談「現在」的意義是什麼？

智敏：我的孩子剛滿周歲，想讓孩子知道媽媽是個「全力以赴努力過生活的人」，想成為一個令孩子驕傲的媽媽。

權教練：光擁有「想成為孩子引以為傲的媽媽」的想法，就已經成為孩子引以為傲的媽媽了。

智敏：哦，是嗎？謝謝。然而，我想成為一個當之無愧的人。

權教練：如果像剛才說的那樣努力的話，六個月後會發生什麼樣的變化呢？

智敏：會變得比較有自信，提高自我認同感。

權教練：很好。你覺得還有什麼需要努力的地方嗎？

智敏：就如同自己所下定的決心一樣，持續上課、努力練習，應該就夠了！

權教練：那我們要從什麼時候開始呢？

智敏：可以從這個星期開始。

權教練：今天的主題是「我的人生只有一次，想全力以赴地努力生活。想成為一位鋼琴演奏得好、教得好的老師。」你還有什麼想要說的或新的感受？

智敏：我只是覺得沒有練習的時間，做了這樣的反省：「因為自己嫌麻煩，所以沒積極地思考。」只要下定決心，就能馬上做了。

權教練：最後你還想分享什麼嗎？

智敏：當我想成為孩子的好媽媽，引以為傲的媽媽的時候，因此覺得自己應該要做點什麼了不起的事情，反而讓我裹足不前，最後導致什麼也沒做。當我覺得要從明天起開始努力時，心情變得輕鬆一些了！謝謝！

權教練：那麼請智敏説一句為自己應援的話，為今日的談話畫下句點吧！

智敏：這一次真的要認真做！我能做得好的！加油！加油！

權教練：智敏！我也會全心全意地為你加油！

智敏：謝謝！

思考一下

對於一切完美無缺的事物，我們不曾問過那是如何發生的。
反之，就好像它是透過魔法出現一樣，只享受現在的事實。

— 尼采

◆ 你想對說這些話的尼采說些什麼呢？

◆ 你想這麼說的理由為何？

◆ 尼采聽到這樣的回答後，可能會對你說些什麼？

◆ 聽到尼采的話時，你有什麼樣的感受？

致 想離婚的你

法輪法師對那些因離婚而悶悶不樂的人所提出的問題，做了這樣的回答，

「在一起生活時要幸福，分手時也要幸福，這才是最重要的。」

問題的本質不是在一起或不在一起的問題。

而是

幸福地生活！

×××

權教練：最近心情如何？

恩慧：　很茫然！一直湧現憤怒的情緒！

權教練：若茫然與憤怒的情緒同時共存的話，會很疲憊的。希望恩慧能透過今天的對話，解決痛苦的情緒。你想談論什麼主題呢？

恩慧：現在與老公關係不太好，我想離婚。

權教練：能分享一下想離婚的原因嗎？

恩慧：第一次萌生離婚的想法是在六年前。新婚初期，我發現先生跟別的女人搞外遇。他曾離家出走一個月後，才又回家。我原以為時間久了，情況就會好轉，但越久反而記憶越清晰，心情也越來越痛苦。

權教練：過了那麼久的時間，記憶卻越來愈清晰，內心真的很苦吧！然而，是什麼力量讓你撐過了這六年的歲月呢？

恩慧：我想似乎是因為孩子才強忍下來的。孩子要有爸爸，心情才會穩定。

權教練：你看到孩子與爸爸在一起的樣子，有什麼樣的感覺？

恩慧：因為先生晚下班，所以並沒有很多時間與孩子相處。他似乎忙一點比較好！提早回來與孩子相處，反而覺得不方便。

權教練：原來如此。爸爸有空的時候，一般都會與孩子一起做些什麼事？

恩慧：他不會特別做什麼事情，不太會陪小孩玩。

權教練：恩慧認為爸爸與孩子在一起的理想畫面是什麼呢？

恩慧：這很難說！平時沒想過，若一定要想的話，那就是陪孩子玩孩子喜歡的玩具，或者兩個人一起坐著聊天！

權教練：有與先生聊過這個理想畫面嗎？

恩慧：沒有，不曾談過。

權教練：為何麼不與先生聊這個問題呢？

恩慧：沒有任何原因，就只是不想與先生交談。

權教練：你能告訴我你為什麼不想與先生交談？

恩慧：他很固執，不想聽別人說話，我們聊完天以後就一定會吵架，就乾脆不聊了。

權教練：現在你與先生的關係如何？

恩慧：現在我們就像陌生人一般，互相把對方當作空氣。

權教練：恩慧認為理想夫妻的面貌為何？

恩慧：有好吃的東西，就一起分享，發生有趣的事情，就一起歡笑！任何瑣碎的小事，彼此都能一起愉快地分享！

權教練：能分享一下與先生的美好回憶嗎？

恩慧：除了戀愛時的甜蜜外，沒有什麼特別的回憶！

權教練：你曾經嘗試著改善你與先生的關係嗎？

恩慧：起初我們常常試著溝通，但都溝通不良。

權教練：恩慧有沒有還沒嘗試過，卻想試著努力看看的事情嗎？

恩慧：我想與律師見面，具體了解離婚程序？

權教練：是什麼樣的契機促使你現在產生想要離婚的想法？

恩慧：我認為孩子有個爸爸會更好，所以我一直忍耐到孩子讀國中，可以選擇父母的時候。但覺得讓孩子在這麼糟糕的氛圍下生活，對孩子反而不好。

權教練：對六年前第一次想離婚時的恩慧有什麼話要說嗎？

恩慧：因為孩子強忍時，我與孩子都很辛苦。希望客觀地判斷現實狀況，做出不會太遲的決定。

權教練：現在你在說話的時候，浮現什麼樣的想法？

恩慧：一直因為孩子的關係而強忍，真的覺得很疲憊，事實上也許是自己無法放手。聽到自己內心聲音的感覺，覺得很舒暢！

權教練：那麼十年後的恩慧有什麼話想對現在的自己說嗎？

恩慧：不要因為分手，就很討厭那個人，或一直回想過去，開心地過你自己的人生吧！你做了最好的選擇！

權教練：你在說這些話的時候，浮現什麼樣的想法呢？

恩慧：一直強忍到孩子讀中學才要離婚的想法，事實上是因為我的心情還沒做好準備。

權教練：那麼從現在開始恩慧想做什麼事情呢？

恩慧：當再也沒有一起生活的力氣時，不要忍耐下去，而是嘗試著找到自己可以做的事情，為未來做好準備。

權教練：恩慧十年後的樣子應該會是怎麼樣的呢？

恩慧：我因為工作的關係，可能會在美國。孩子也在那裡讀書，會像朋友一樣陪伴在他身旁，過著幸福的生活。

權教練：有這樣的想像時，是什麼樣的感覺呢？

恩慧：十分期待，真希望可以那樣生活。

權教練：恩慧若想迎接想像的未來，那麼該擬定什麼計劃？我能問一下你現在的狀況嗎？

恩慧：我在公司上班，今後我打算好好學習現在做的工作，計劃在三年內創業。

權教練：哇！你已經規劃了在創業之前的計劃！太棒了！若為未來的準備過程打分數，滿分為十分的話，恩慧認為現在是得幾分了呢？

恩慧：現在扣除擔心給孩子帶來離婚痛苦的分數後，大概可以得到九分左右。

權教練：差那一分要從哪一個部分去填補呢？

恩慧：不管怎樣，如果我越快做出決定，似乎很快就會達到滿分了吧！

權教練：我衷心感謝你今天相信我，願意與我交談，真心感謝！現在要結束今天的交談了，不知道還有沒有話要說呢？

恩慧：我只想著一定要強忍到孩子長大。一想到要強忍下去，每天都過得很疲憊。但每當一想到自己所期望的未來理想面貌時，似乎就會知道自己真正想要的是什麼了。而且似乎有點掌握到什麼對孩子比較好！謝謝！

權教練：恩慧掌握到重點了，真是萬幸！請你以今天的談話內容為基礎，仔細

地想一想，不要急著做決定。我相信，無論你做出什麼樣的決定，都是最佳的抉擇，我會為你加油的。謝謝！

✕✕✕

「教練，我昨天已遞交協議離婚申請書了。」

看完這封簡訊後，心幾乎快崩塌下來。因為這一封簡訊的內容十分長，無法完全收錄在下列文章裡。

「離婚」雖然只有兩個字，字體卻看起來十分大。

收到前文提到的簡訊時間點，是在一個月內進行了三次非面對面電話諮詢之後。

雖然我曾說過：「無論你做出什麼樣的決定，我都會為你加油的。」這句話，但拿著手機的手仍在顫抖。

原來已經決定離婚了！現在該怎麼辦？說實在真的很擔心！就是因為離婚這個詞帶來的壓迫感。在字典裡查詢離婚的意義時，會出現夫妻斷絕婚姻關係的解釋。因為認為那是斷絕關係，所以心生恐懼。

她說她考慮離婚已經有六年了，打算忍到孩子讀國中再離婚。但僅僅在接受諮詢後的一個月左右，就遞交了離婚申請書。

遞交離婚申請書的兩個月後，她說要親自拜訪我。不知如何面對她的我，心情開始變得複雜起來。約好要見面的那天，我坐立難安，緊張地等著她的到來。她提著一個裝滿美味可口的蛋糕禮盒走了進來，曾難以嚥下一口飯的她竟然帶美食來訪。

我覺得她似乎有了想活下去的想法，於是就放心了。臉色雖然不太好看，但是她的樣子比我想的還要平靜。在輕鬆的氛圍下交談了一段時間後，再看手錶時，發現已在不知不覺中過了二個小時。

離開前我問她要去哪裡，她說要去買做給娘家父母吃的三明治食材，說完就起身回家。我送她離去後，一直盯著她已離席的座位，直到我的腿發麻。

「教練，今天我的深思期間結束了（註：依韓國現行法律規定，提出協議離婚申請書後，會給離婚雙方一段深思期間，期滿後，向區公所提出報告後，才算完成離婚程序），並向區公所提出報告，就回家了。」

這是我一個月後聽到的消息。

「教練，我今年為了取得資格證，正在補習班上課。」

這是兩個月後，我聽到她將挑戰新領域的消息。

自從她來諮詢以後，我對其他顧客的諮詢方式也有了轉變，我不再只是單純地陪伴他們，幫助他們改變與成長，而是讓他們以自己想要的方式過得更幸福。若想要達到這樣的結果，就必須放下對任何事情的偏見，如實地觀察對方。

思考一下

適合某個人腳的鞋子，若穿在另一個人的腳上
有可能會太緊。
同樣地，沒有適合任何情況的生活祕訣。

—— 卡爾．古斯塔夫．榮格（Carl Gustav Jung）

◆ 你現在有讓自己不舒服卻放不下的事情嗎？

◆ 若有的話，必須做什麼準備才能放下它？而且要從何時開始呢？

◆ 若沒有的話，現在最讓自己感到幸福的是什麼？需要付出哪些努力才能保有它？

教練隨筆

三十八歲大人的蠢問題？八歲哲學家的妙答！

我家住著三個狂熱的粉絲。

老大小敏已經上小學一年級了，因新冠狀病毒疫情的關係，在家的時間比在校的時間更多。

六歲老二小媛每當看到小敏姐姐與媽媽很親密時，就會跑到我們中間來。我的先生總是在孩子們的縫隙裡窺探著，一發現有機會，就會跑過來黏著我。

不管我說什麼，他們常會為了我而爭風吃醋。

偶爾他們在房間裡，也會竊竊私語，
如果聽到他們哈哈大笑的笑聲時，我也會豎起耳朵來聽！
將我排除在外，還有什麼事那麼好笑？
有點好奇，也想知道，
沒多久兩個傢伙就跑到我身邊來，緊黏著我。
互相想把自己的身體緊貼在我身上，競爭非常激烈。

「哇哈哈哈」
「走開！咳咳咳」
發出無法辨知的奇怪聲音，並待在我身旁兩側說：
「媽媽，這邊的胳膊是我先抓到的。」
「不對，是我先抓到的！」

小敏與小媛每天都會上演這種戲碼。

不管我的意願如何，他們之間常以我身體作為爭吵的標的，在哭笑之間，大吵大鬧！

沒有比這更吵鬧的場面了！

在我體力允許的時候，我會配合孩子們玩，

但若那天我的精神狀況不佳，她們那樣的爭吵真的讓我很累。

那天我與小媛一起趴著摺紙，

但和平的時間也是很短暫的，

小敏跑過來，像無尾熊一樣趴在我的背上。

「小敏啊，有點重啊！下來吧！下來吧！」

被壓住的我對小敏做出這樣的要求。

小敏從我背上爬下來，待在我的右邊，緊緊抱住我。

我突然好奇地問：

「小敏為什麼喜歡像無尾熊一樣黏在媽媽身上呢？」

「因為媽媽的味道太好聞了。」

「嗯？什麼？媽媽身上有香味？」

「是的！媽媽身上散發出世界上最好聞的味道。所以聞到那個味道時，心情會變得很舒服。」

平時常想「成為一個散發香氣的人」，但聽到我聞起來很香時，感到很神奇，產生一種莫名的奇妙感覺，於是好奇地問：

「是嗎？是什麼樣的香氣？」

「媽媽身上的香氣⋯⋯」

我很想知道到底是什麼樣香氣。

「味道可以仔細說明一下是什麼樣的香氣嗎？

世界上小敏最喜歡的炸雞味？美麗的花香？嗯？嗯？」

「不是那種香氣，是只有到媽媽身邊才能聞到的香氣。」

「所以～到底是什麼香氣？媽媽沒辦法聞到自己身上的香氣，你可以跟我說嗎？」

小敏在我提出了一連串問題後，仔細思考了很久，

她說：「媽媽，媽媽的香氣是這個世界上獨一無二的香氣。

我沒有任何形容詞可以形容，只有在媽媽身上才能聞到。」

執著於想知道是何種香氣，並提出一連串問題的我感到有點失望。

無法用這世界上的形容詞來說明的香氣，

只有到媽媽身上才能聞到的香氣，
讓我們小敏感到舒服的香氣，
不管是那是什麼樣的香氣，是我們小敏喜歡的……

我的孩子喜歡連我都不知道的我身上的香氣。
我們抱緊一點！再抱緊一點！
「喔，我漂亮的女兒！」
緊緊擁抱著小敏，摩擦著她的臉龐，
看到這個場面的小媛，連片刻也無法忍耐地說：
「哼哼，媽媽只喜歡姐姐～」
就鑽進我的懷裡！

我曾想過我是什麼樣的存在？

我是什麼樣的存在呢？
是世界上獨一無二的。
擁有世界上最好的香氣，
無人可替代的，小敏與小媛的媽媽！
還需要其他更多的說明嗎？

第二章

想擁有，休息的時間

致 想成為超級女強人的你

「你們都是豬。」

這是安東尼．布朗（Anthony Browne）《朱家故事》（Piggybook）一書中的名言。書中講述了朱先生、他的妻子和兩個兒子的故事，他們擁有帥氣的汽車和漂亮的花園。朱先生身著一身帥氣的西裝，繫著蝴蝶結領帶，兩個兒子穿著精心熨燙過的校服，受到如國王般的款待，妻子身著素色服裝，背影散發著淒涼感，甚至於面無表情。

某一天妻子留下一張寫著「你們都是豬」的紙條，就消失不見了。從那一瞬間起，爸爸和孩子都變成了豬，漂亮的房子逐漸變成像豬窩般髒亂。幾天後，當妻子回家時，丈夫和孩子們一起下跪，跟她道歉。從那以後，家人為媽媽做飯、打掃，各自分擔家務，媽媽的臉上終於露出幸福的表情。

這個故事與我們的現實生活完全無關嗎？只能在兒童讀物中才能見到嗎？

「我真的快瘋掉了！」

「拜託，讓我一個人獨處一下，別管我。」

這是今天在對顧客進行輔導之後，在腦海裡一直飄蕩著近乎吶喊的呼叫聲。

這是為什麼呢？因為有一位想要接受輔導，但她只有下午一點到二點才有空，從只有午餐時間才能進行輔導這一點，就可以感受到她有多忙碌。

✕✕✕

權教練：你今天的心情如何？

永恩：　沒有空閒時間，心情很鬱悶。

權教練：會用哪種顏色來表達那種心情呢？

永恩：　黑色，感覺心被燒得焦黑了。

權教練：你說你的心燒得焦黑，這使我的心情變得很沉重了。今天想和你聊一些能讓你心情變開朗的內容。我們來聊聊什麼話題呢？

永恩：　現在我想在如陀螺般旋轉的生活中，找到一點空閒的時間。

權教練：你能談談自己一天的行程嗎？

永恩：　六點四十分起床，準備上班，七點餵孩子們吃早餐，七點四十分送小孩上課、我再上班，下午六點回到家。回到家之後，我幫十一歲女兒和九歲兒子檢查作業，再吃晚飯、洗碗、洗澡，十點左右讓孩子睡覺。

權教練：你現在談的行程當中，有沒有能挪一些出來作為永恩的專屬時間呢？

永恩：這很難說，我不太確定。

權教練：能再想一想嗎？

永恩：只要一回到家，孩子們就會說，我在等媽媽一起寫作業。我也要親自看過他們的作業，才能放心。我不知道是否有這樣的空間時間。

權教練：為什麼要親眼看孩子做作業，才能放心？

永恩：我是個完美主義者。

權教練：你能再具體說明一下嗎？

永恩：小時候我父母非常關心我，常常對我嘮叨，也常把我和其他朋友們做比較！我好像是因為討厭聽到這些聲音，所以努力做個完美的人。真的很討厭他們那麼做，但現在我卻好像用一樣的態度對待孩子。

權教練：那麼你做了哪些嘗試了呢？

永恩：我讓孩子們放學後去補習班，之後我還會看著孩子寫作業，似乎讓孩子承受了雙倍的痛苦。所以過去都是孩子們和我一起做作業的，現在要讓孩子們自己先做完自己會做的部分。如果有需要我幫忙的部分，再跟我説就好了。

權教練：你跟他們説：「自己先寫會做的部分，需要幫忙的再跟媽媽説。」這個方法不錯！還有其他方法可以嘗試看看嗎？

永恩：早上上班之前，我會幫孩子們準備好他們要穿的衣服之後，才出門。現在最好讓孩子們自己動手找衣服穿。

權教練：還可以多做一項嘗試嗎？

永恩：我晚上都會像審問一樣，一一詢問孩子們事情。我覺得可以列出待做事情清單，讓孩子們檢查是否做完了。最後我只要檢查一下清單，其他時間就可以和他們聊天，家裡氛圍應該可以變得更加柔和了。

權教練：真是個好主意，為什麼你到現在才這麼做呢？

永恩：至今我一直認為一一確認是最佳的方法，也認為那是無可奈何的事情。這是我小時候最討厭的畫面，自己卻在不自覺中照著做了。

權教練：現在按照你說的方法做的話，會帶來哪些改變呢？

永恩：早上少了幫孩子準備衣服的時間，似乎可以更游刃有餘地做好上班前的準備，晚上幫孩子檢查作業的時間，似乎也可以減少一半時間。和孩子們聊天的時候，也不再是獨自一個人的單向式聊天。可以集中心力在孩子的煩惱上，也有餘力用心傾聽他們內心的聲音。之前因為太疲倦了，一直帶著時間不夠的心情在聊天。現在，我想我們可以更有趣地聊天了。

權教練：今天已經談到的部分，有哪些可以實踐的呢？

永恩：製作待做事情清單，以及讓孩子們整理自己的衣服。

權教練：今天跟我聊天的時候，有沒有新的感受呢？

永恩：孩子已經九歲、十一歲了，應該讓他們培養自主性和責任感，過去因為一直沒能擺脫要幫他們做的想法，才會把自己弄得這麼累。就像賦予孩子們更多自主權一樣，我也可以多出一些自由時間。

權教練：給孩子們更多自主權和責任感，永恩也給自己多一些空間，這樣的方式真的很好。要結束輔導了，還有什麼想說的嗎？

永恩：起初，我以為這是無法解決的問題，是無可奈何的事情，早已舉起白旗投降了。但現在想法稍微有了改變，看到一些事情是可以改變的。謝謝你！

權教練：我也謝謝你！最後永恩對自己說一句鼓勵的話，然後我們就結束今天的談話時間，好嗎？

永恩：啊！鼓勵的話嗎？嗯～不要想獨自一個人做好全部的事情，現在你已經做得很好了！

權教練：永恩，你現在已經做得很好了！我也會一起為你加油的！

永恩：呵呵呵～謝謝！我也會為教練加油的。

×××

噠！噠！噠！

切著高麗菜、紅蘿蔔、洋蔥等各種蔬菜，一邊準備早餐，一邊朝著孩子房間大喊著說：「小敏啊！起床啦！時間到了！」

大概過了五分鐘後…

將雞蛋打入平底鍋裡，並對著孩子的房間大聲喊叫。

「小敏！是該起床的時間囉！起床！」

噹！噹！

吐司從烤麵包機裡跳出來的那一瞬間，我的耐心也朝著忍耐極限飛奔而去。

蹦蹦，蹦蹦！

一步步朝著孩子睡覺的房間前進，

孩子用被子蓋住耳朵的樣子讓我很生氣。

「媽媽要叫你幾次，你才要起床啊！」

把她的被子掀開來，表達憤怒後，再蓋起來！

孩子用不耐煩的聲音說：「好啦，快起床了！」

催促著連眼睛都睜不開的孩子快點洗臉、用餐。

小敏狼吞虎嚥地把三明治吞進肚子裡。

心想：「她竟然用那樣的吃法，把我犧牲睡眠製作出來的三明治吞進肚子裡！」

真的很生氣！真的不知道哪個環節錯了！

隔天，

先在吐司表面塗抹上草莓醬，再放上荷包蛋，完成簡單的三明治，再到房間去把孩子叫醒，並放了孩子喜歡的歌。

撫摸孩子的背，從肩膀按摩到腳之後，再擁抱她一下！

孩子笑了，

她扭動著身子，與我的眼睛對視。

「小敏，早安！昨晚睡得好嗎？」

孩子愉快地起床、洗臉，並吃了三明治。

把切洗三明治蔬菜的雙手，轉換成撫慰孩子心靈的雙手和時間，早晨時光瞬間變得十分舒服了。

思考一下

蒲公英就是蒲公英，發芽也是蒲公英。
冒葉也是蒲公英，往上長的花莖也是蒲公英。
蒲公英就是蒲公英。

— 金章成〈蒲公英就是蒲公英〉故事花

◆ 請用眼睛讀三遍，再大聲唸三遍吧！

◆ 現在，將蒲公英改成自己的名字，並唸三遍。

◆ 請拍拍自己的肩膀。

◆ 然後請說：「謝謝你與我同在，我愛你！」

致 需要獨處的你

在《夏洛特．梅森家庭教育法》（A Charlotte Mason Companion）一書中親切地指導父母們，在教導孩子上應該思考的內容。作者夏洛特．梅森不曾結過婚，也未曾生過小孩。

對於父母應該擁有的教育哲學，她卻比任何人都擁有更深入的洞察力。所以我做了這樣的推測：「也許是因為這樣的關係，能更客觀地看清教養孩子的問題。」

她介紹了「媽媽文化」這一詞，是指媽媽們雖然一直和孩子們一起生活，但仍須拓展個人興趣，不斷享受獨處的時間。

「只有媽媽們好好鍛練自己的靈魂，才能鍛鍊孩子們的靈魂。如果我們想給孩子們最好的，我們也必須要成長。」

——卡倫．安德烈奧拉（Karen Andreola）《夏洛特．梅森家庭教育法》夢想成真的人

×××

權教練：最近心情如何？

麗玲：常常覺得很鬱悶，既沒有屬於自己個人的空間，也沒有個人的時間。

權教練：如果讓你選一種最接近那種心情的顏色，會選什麼顏色呢？

麗玲：聯想到了灰色，比白色更渾濁，但更接近黑色。

權教練：現在我會竭盡全力，讓麗玲的心情能變得更加開朗。談些什麼主題好呢？

麗玲：我想知道如何把無聊轉換成樂觀的方法。

權教練：你能說得更具體一些嗎？

麗玲：以孩子為重心的生活太不方便，也太煎熬了！常常感到疲憊和無力。

權教練：能告訴我你一天的行程嗎？

麗玲：七點半睜開眼睛，賴床一段時間後，八點半孩子起床，餵孩子吃早餐，九點左右送小孩到托兒所，之後運動到十二點，一點左右回家吃午餐，整理家務，二點左右接孩子回家，一起學習英文，三點準備晚餐，和孩子們一起玩，晚上六點吃晚餐，七點多再準備丈夫的晚餐，九點半左右孩子睡著時，收拾晚餐及清洗，十點左右睡覺。這種過於一成不變的生活，太無聊了。因為要照顧孩子，無法去做別的事情，內心好痛苦啊！

權教練：為了孩子一直不斷付出，很辛苦吧！孩子誕生之前的感覺怎麼樣？

麗玲：十年前我剛結婚的時候，大概有一年的新婚生活，那時候真的很幸福！之後為了生孩子，做了幾次試管手術，也辭職了，但因為試管手術不順利，當時真的很痛苦。五年後我懷孕了，生了個孩子。孩子誕生後，最初感到很幸福。孩子既神奇又可愛，我以為只要有孩子，所有問題皆會迎刃而解，然而，現在幾乎完全沒個人的時間，照顧孩子六年左右了，我這個人的存在，似乎已逐漸消失了。

權教練：照顧小孩真的很辛苦吧！你真的很厲害！我現在聽了麗玲的話之後，發現你在與孩子相遇之前，有五年左右的等待期間。所以仔細想一想的話，麗玲總共花了十一年的時間專注在孩子身上，而不是自己身上，所以真的很疲憊吧！

麗玲：啊！沒錯！不是六年，而是額外再加上五年。事實上，比起養育孩子的六年，在這之前的五年備孕期，我幾乎已經精疲力盡了。在精疲力盡的狀況下迎接孩子、照顧孩子，真的很辛苦！

權教練：那當然啊！那真的是一件不容易的事情，你能如此勝任，真的做了很了不起的事。

麗玲：謝謝！我真的已經完全遺忘了！前五年的時光真的很艱辛，現在有種把拼圖拼湊好的感覺。

權教練：產生把拼圖拼湊好的感覺，我也很開心！當麗玲出現閒暇時間時，最想做什麼事情呢？

麗玲：我只想去咖啡館放空或是去旅行。

權教練：現在去咖啡館有困難嗎？

麗玲：因為必須要做家事，還要注意孩子的下課時間，似乎有點困難！

權教練：關於這個問題，有什麼人可以幫你嗎？

麗玲：也許和先生商量一下，他可以幫得上忙。

權教練：為何截至今日，你都不曾跟先生談過這個問題呢？

麗玲：也許是因為先生工作也很辛苦，所以很難開口說自己想要休息。

權教練：以後也不讓自己休息的話，情況會變得怎麼樣呢？

麗玲：我想很快就會爆炸了吧！

權教練：那你打算怎麼做呢？

麗玲：說實話，以現在的心情和狀態，覺得至少要先休息一天。

權教練：這樣休息一下，會產生什麼樣的感覺？

麗玲：心情似乎會變得更加舒暢！

權教練：你想用那種舒暢的心情做些什麼事嗎？

麗玲：我想準備不動產經紀人認證考試，但還缺乏自信心。

權教練：你沒有自信的原因是什麼呢？

麗玲：現在孩子長大了，能多挪出一些自己的時間，覺得應該要學習，但缺乏信心。

權教練：的確，要重新開始學習真的很困難。你要怎麼做，才能產生重新開始學習的心情呢？

麗玲：這我也不清楚！

權教練：五年後的麗玲會是什麼樣子的呢？

麗玲：五年後？這很難說啊？

權教練：想像一下，五年後，你通過了不動產經紀人考試，開始工作的樣子。

麗玲：好的。

權教練：你產生什麼樣的感覺？

麗玲：我感覺到活力充沛！

權教練：從麗玲的聲音中我感受到了樂觀的能量，連我也感染到活力充沛的氛圍了。五年後想要成為一位不動產經紀人，首先，現在該做哪些努力呢？

麗玲：首先，應該要知道考試日期，並擬定計劃，儲備一下能量，做好心理準備再開始。

權教練：很好，心理準備好之後，你該做哪些事呢？

麗玲：先加入準備不動產經紀人考試的論壇及網站，研究一下相關資訊。

權教練：研究好之後，那麼應該做哪些努力呢？

麗玲：似乎要開始讀書了。

權教練：剛才還有點猶豫，現在的感覺如何呢？

麗玲：似乎可以立即開始了。

權教練：你如何確信要立即開始呢？

麗玲：如果我現在不開始學習，五年後就會後悔。而且，那時也會有相同的苦惱。

權教練：你說你產生了學習的動力，我也很開心。你現在感覺如何？

麗玲：我感覺心情很舒暢，頭腦也變得清晰了。

權教練：你今天在談話的過程中，有什麼新發現或已釐清的部份嗎？

麗玲：我照顧孩子六年了，感覺我自己好像要消失了，只感到很疲憊，但在聊天的過程中，體會到未來還有很漫長的歲月。所以我瞭解現在要做的事，應該要多和先生談談自己的心情，也許能稍微改善現況。

權教練：那麼接下來最想要做什麼樣的嘗試呢？

麗玲：當想休息的時候，應該可以跟先生商量一下。接著就試著先從擬定學習計劃開始。

權教練：我也會為你加油的！今天的諮詢就到這結束了。

麗玲：好的，非常感謝！擬訂學習計劃後，可以利用空檔時間跟教練聯絡嗎？

權教練：當然可以啊！隨時等候你的聯絡。

麗玲：我會認真準備的，謝謝！

×××

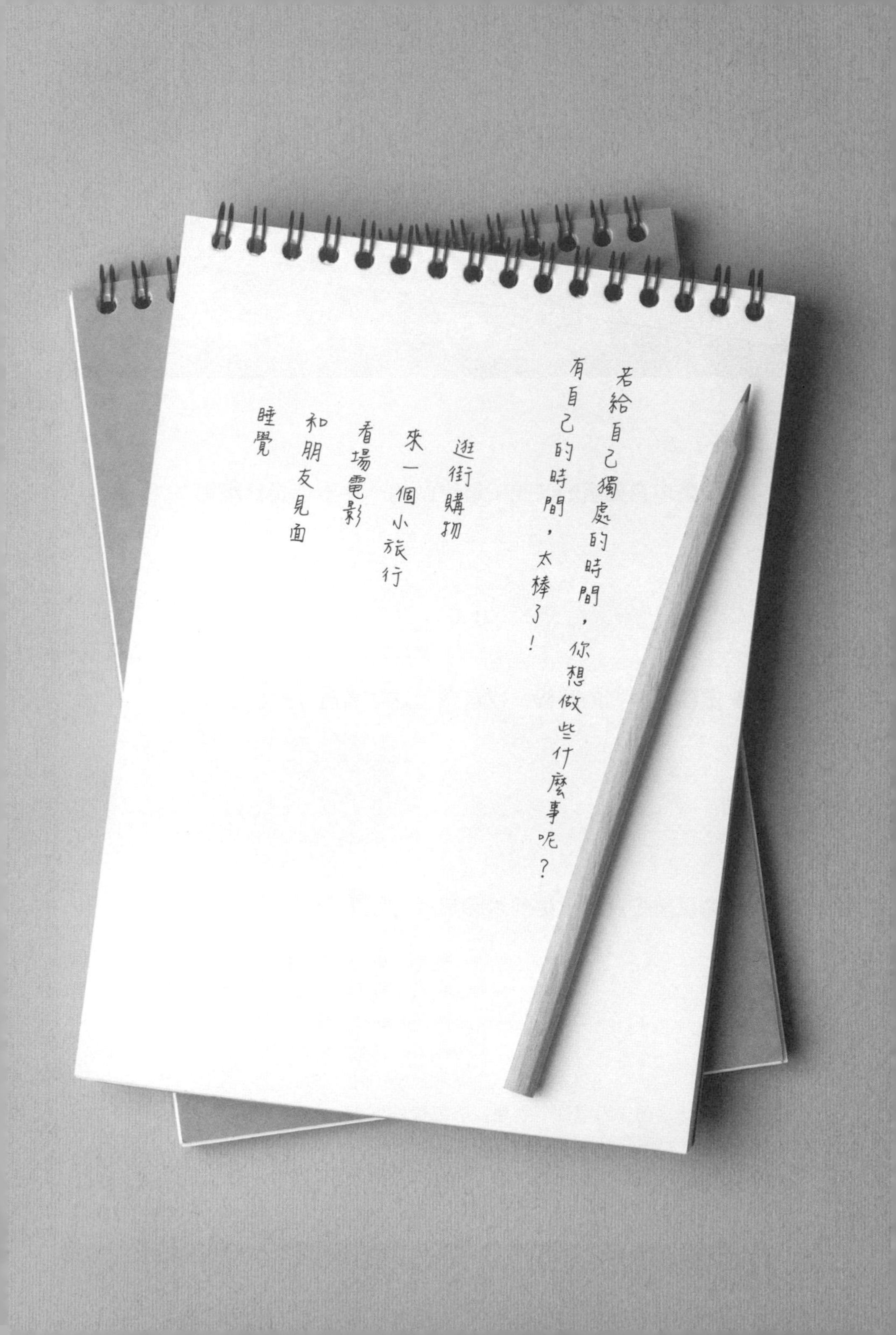
若給自己獨處的時間，你想做些什麼事呢？
有自己的時間，太棒了！
逛街購物
來一個小旅行
看場電影
和朋友見面
睡覺

思考一下

一直自認為自己過得很好，卻對自己的靈魂不太感興趣。
最近卻想知道自己的靈魂長什麼樣子。
希望我的靈魂變更美麗，哪怕是只有一點點。
要怎樣才能讓我的靈魂變得更美好呢？生平第一次對靈魂感到好奇。

—— 金申敏京《凌晨 4 點，想活的時間》

◆ 如果你有獨處的時間，最想做的一件事情是什麼呢？

....

....

....

◆ 做那件事情的時候，或者做了之後會產生什麼感覺呢？

....

....

....

◆ 請提前祝賀你！提前體驗那種心情的感覺怎麼樣呢？。

....

....

....

* 在開始之前，希望你一直想像著那樣的狀態。

致 想好好調整情緒的你

《問題是無動力》書所指的「無動力」，是指「無自發性狀態」。無動力可以區分成「習得式無動力」與「隱匿式無動力」。所謂的「習得式無動力」，是指受到外面的影響，因我的掌控權消失時，所感到的挫折感是在無意識中習得的，進而產生不想嘗試的心理現象。例如，當你認真做練習題時，但錯誤的答案卻不斷出現，就會萌生「即使做這麼多，也不會有成效」的消極想法。

所謂「隱匿式無動力」，是指不做一定要做的事情，而是做心理層面覺得舒適的、簡單的事情，或可代替的奇怪事情，以打發時間。

例如：考試前整理書桌好幾個小時，雖然浪費時間，還自我安慰地說：「這樣才可以更舒服的讀書。」比起「習得式無動力」更可怕的是「隱匿式無動力」，因為會在不自覺中欺騙自己。

為了擺脫隱匿式無動力狀態，須透過想法重新置入的過程，重新將新的人生觀念置入腦海中。

不是把專注力集中於無動力的起點上，而是在自己想要到達的終點上。當我們做某事時，雖心裡想著「如果你再多努力一點點，就會改善。」但因為無動力的關係，於是慢慢地身陷泥沼，無法自拔！必須一次性地跳脫出來。為了保持這樣的狀態，要一直不停地從小小的成功開始做起，培養內在的力量。

×××

權教練：最近你感覺怎麼樣？

旻珠：　嗯，最近內心有點空虛，沒有任何動力。

權教練：能分享一下空虛的心情從何而來呢？

旻珠：新冠狀病毒疫情持續太久了，我對未來感到很茫然。即使擬訂了計劃，也不能持續下去，搞到現在都不知道自己想要什麼。

權教練：原來如此！真沒想到新冠狀病毒疫情會持續那麼久，我也有同感，十分徬徨無助。你應該很辛苦吧！如果要你現在用顏色來表現這種感覺時，會聯想到什麼顏色呢？

旻珠：紫色。

權教練：為什麼會讓你想起紫色呢？

旻珠：現在心情近似黑色，但有努力克服，所以似乎是接近紫色。

權教練：哇！原來自己調整了顏色，現在能和旻珠一起度過現在這段時間，我感到十分榮幸！在這麼寶貴的時間裡，要分享哪個主題好呢？

旻珠：最近我無法調整自己的情緒，所以感到很無力。

權教練：當自己無法調控情緒的時候，真的很累吧！有時候會我也會這樣，可以理解你現在的心情。如果你把剛才所說的，轉換成今日談話主題的一句話來表達時，你會怎麼說呢？

旻珠：想找到一種能控制自己情緒的方法。

權教練：很好！是什麼原因讓你難以控制情緒的呢？

旻珠：最近不是因為我情緒失控，而是因為新冠狀病毒疫情的關係，我必須一直待在家裡，所以沒有紓解壓力的出口。

權教練：不是因為想待在家裡，才待在家裡，所以才會那樣。你以前調控情緒的能力很好嗎？

旻珠：啊，似乎也不是。以前我也不太會掌控自己情緒，很容易感情衝動。

權教練：原來你過去也是個很容易感情衝動的人啊！然而，最近是什麼樣的契機讓自己覺得無法掌控情緒呢？

旻珠：以前即使無法掌控情緒，因為沒有孩子，似乎也沒有太大的問題。現在如果生氣了，就會立即對在身旁的孩子發脾氣，放任他們不管，也知道這麼做不對，所以不斷苦惱著。小孩五歲和三歲，我常對比較能聽懂我話的老大，說一些負面性的話語，所以經常感到愧疚。我這麼愛發脾氣的話，孩子也容易對事情感到不耐煩，說抱歉的次數也增加，一直不斷惡性循環，真的很無力！事實上，五歲的孩子還很小，但因為是老大，就會期待他能夠自行打理一些事情。

權教練：當你看到孩子哭鬧或不聽話時，會萌生什麼樣的感覺？

旻珠：嗯！想起了自己小時候的情況。小時候哭的時候會挨罵，所以不常哭，但更常表現出厭煩的態度。現在回想起來，我衝動的性格好像就是這樣養成的。

因為過去父母也不曾接納過自己的負面情緒，所以孩子鬧彆扭的時候，我也不知道該如何包容他們。

權教練：因為小時候有過那樣的經驗，所以對於現在這樣的狀況，反應更加敏感了。有人可以幫你解決這樣的狀況嗎？

旻珠：先生可以，以前週末先生會幫我照顧小孩，讓我可以出去跟朋友見面。現在很難外出，先生也說不知道該怎麼幫我。

權教練：對兩位來說，現在是十分艱難的時刻啊！什麼時候情緒會低落呢？

旻珠：晚上睡覺前、週末時，二〇二〇年到二〇二一年真的很憂鬱！

權教練：能分享一下是什麼因素，讓你的心情陷於憂鬱的狀態呢？

旻珠：每日的生活都一成不變，自己一事無成，而時間卻一直在流逝，內心覺得很空虛。我比同年齡的人早結婚，至今有很多朋友仍過著自由的單身生活。他們即使在新冠狀病毒疫情肆虐的環境下，也能小心翼翼地做了許多想做的事情，但我卻不能。

權教練：看到朋友們自由了，心裡可能會更想要自由吧！在現在的情況下，旻珠若想每天有不同的感受，可以做哪些努力呢？

旻珠：嗯，如果去做件有興趣的事，情況似乎會好轉。

權教練：你會想做什麼樣的活動呢？

旻珠：我喜歡用珠子做手鍊，作為禮物送給朋友，嗯……但現在即使做好了，也無法和朋友見面了。最近偶爾還是會做，但做好了之後，孩子們會把它給扯斷，這讓我超難過的！

權教練：哇！你的手很巧耶！但孩子卻扯斷了手鍊，應該很難過吧！你還可以做哪些嘗試嗎？

旻珠：我對維持健康很感興趣，要我每天運動也可以。

權教練：運動是個好活動！是什麼理由讓你至今還未開始運動呢？

旻珠：要等孩子都睡著的時候才能做運動，但等到孩子都睡著時，我也已經很累了，所以就沒做了。

權教練：孩子們睡覺時，你大部分都做些什麼事呢？

旻珠：只是滑個手機，就這樣過了二~三個小時。

權教練：這樣度過時間，你的感覺如何呢？

旻珠：心想：「今天一整天就這樣毫無意義地結束了，這樣的生活要過到什麼時候呢？」感覺很鬱悶。

權教練：不滑手機，就像你說的那樣做運動後再睡覺，會有什麼樣的感覺呢？

旻珠：似乎會覺得很欣慰，運動後再睡覺的話，也可以睡個好覺。

權教練：那麼，若想持之以恆的話，有什麼好方法嗎？

旻珠：將目標寫下來後，再貼起來經常看，應該就可以了吧？

權教練：哦！這是一個很好的方法。經常看到的話，就會覺得產生應該要做的想法。

再做點什麼，效果會更好呢？

旻珠：定期檢查自己有沒有執行，這樣應該就可以了吧？

權教練：這也是個不錯的方法，那麼每天做什麼運動好呢？

旻珠：每天一邊看我常看的 Youtube 節目，一邊做三十分鐘運動，似乎就可以了。

權教練：透過運動想實現什麼目的呢？

旻珠：不是為了減肥，是因為體力不佳，想增強體力。

權教練：檢查周期是多久？

旻珠：從明天開始，以一個星期為檢查周期，似乎比較好。

權教練：以一個星期為單位的理由為何？

旻珠：抓得太長的話，當做不到時，容易習以為常，日後就不會想要再做了。

權教練：以短時間為檢查周期，並完成它，比較容易產生成就感，似乎也會收到不錯的成效。以一個星期為檢查周期的最終目標，什麼時候達成比較好呢？

旻珠：最終目標是什麼呢？我體力不佳，應該一輩子都要保持運動習慣，不過先做一個月看看吧！那樣我似乎就可以養成習慣了！

權教練：旻珠想像一下一個月後你的樣子，會產生什麼樣的感覺呢？

旻珠：每天做運動後再睡覺，應該可以睡個好覺，也可以變瘦一點，穿衣服時心情也會變好。如果體力變得更好時，似乎可以陪孩子們玩得更開心！

權教練：那麼家裡會產生什麼樣的變化呢？

旻珠：如果我陪他們玩得很愉快，孩子們的心情也會變好，那樣我的心情也會變好。如果我的心情變好，先生也不用看我的臉色，他的心情也會變好。

權教練：你的心情似乎變好了，我的心情也很好！一開始你想跟我談如何控制情緒的方法，關於這部分，有什麼變化嗎？

旻珠：似乎是因為自己覺得處於現狀下，無法控制情緒是理所當然的，但冠狀病毒疫情還沒結束也是無可奈何的狀況，所以就這樣虛度光陰了。不過現在覺得這並非無可奈何的狀況，應該在目前允許的情況下，努力尋找能做的事情。雖然還沒開始運動，但心情已經變好了。在做運動的時候，應該也要試著找找看有沒有其他事情可以做。

權教練：你已察覺到要在運動之餘，應該找其他的事情來做，我也為你高興！結束諮詢之前，還有想要說的話或提問的問題嗎？

旻珠：事實上，申請諮詢的時候，「希望心情能變輕鬆」的想法最強烈。然而，另一方面，內心也有一個聲音：「我真的可以讓自己的心情平靜下來嗎？」，所以並沒有過大的期待。一直只專注在觀察情緒這一部分，之後看到其他部分後，發現心情是有可能變好的。謝謝你！

權教練：我也要謝謝你！旻珠說真的很好時，我也感覺很開心。已計劃好的事情，要從什麼時候開始執行好呢？

旻珠：馬上就可以著手了，就從今天開始吧！

權教練：哇！我感受到你那燃燒的意志了，請努力運動吧！如果有事需要我幫忙時，請隨時告訴我，我會為你加油的！

旻珠：好的！真的很謝謝教練！

權教練：好的，我也很感謝旻珠！

×××

思考一下

在心理學上，只要觀察或記錄行為，人們的行為也會產生變化，稱這種變化為「反應性效應」。透過這種效應，觀察自己的行為，修正自己的行為，稱之為「自我觀察技法」。不是 24 小時觀察自己，而是設定一個目標，在一段時期之內，每天檢討自己是否付諸實踐，並將小小的喜悅成就感送給自己作為禮物。並以每個星期作為短周期，以每個月作為長周期，加以進行檢討，將大的喜悅成就感送給自己作為禮物。

● 如果你已經做好了心理準備，請把能帶給自己喜悅的成就感目標加以量化。

（例如：運動做 30 分鐘、感謝日記寫 3 行、書籍閱讀 10 頁等等。）

目標							
第一個星期	星期一	星期二	星期三	星期四	星期五	星期六	星期日
○，×							
感想							
第二個星期	星期一	星期二	星期三	星期四	星期五	星期六	星期日
○，×							
感想							
第三個星期	星期一	星期二	星期三	星期四	星期五	星期六	星期日
○，×							
感想							
第四個星期	星期一	星期二	星期三	星期四	星期五	星期六	星期日
○，×							
感想							
整體感想							

● 如果你在一個月後達成你目標的 __%，會送給自己什麼樣的禮物呢？

致 想要消除焦慮心情的你

馬克．布拉克特（Marc Brackett）在《情感的發現》（PERMISSION TO FEEL）一書中曾提到：「表達自己情緒狀態的能力，是在他人的幫助或安慰之下獲得力量，是重要的情緒控管能力。」

你對「現在的感覺怎麼樣？」這個問題，你會怎麼回答呢？我大部分會回答：「還可以！」我不僅不想用「很好」或「不好」來製造需要進一步說明的麻煩狀況，也不想坦率地說出自己的心情，破壞現在輕鬆的氛圍。也因為說出來，應該也不會有什麼改變。「還可以」這樣的回答，是當我真的沒事時，處於沒關係的狀態。但當我心情不好的時候，如果旁邊的人不小心觸碰到自己的引爆點，那情緒就會處於崩潰邊緣。

那麼就有可能導致我和對方的關係產生破裂。如果心情高興就說出來，把你的快樂分享出去，如果你需要幫助，就坦率地說自己需要幫助，這是維護我們珍貴關係的一種方法。

我之所以選擇嫁給我先生，是因為即使我坦率地表達出自己的感情，從來不會有難以啟口或尷尬的感覺。他能夠讓我自由地表達出自己的喜怒哀樂，不以自己的標準評斷我，而是完完全全地接受我原本的面貌，這是一種幸福。坦率地表達自己情感與知道何時需要調控或壓抑情緒，是同等重要的。現在你的心情怎麼樣？是必須表達出來的感情嗎？還是需要再想想才能說出來的感情？

✕✕✕

權教練：今天你的心情如何？

智恩：不斷湧現出不安的心情，產生很多負面的想法，最近壓力真的太大了。雖然對很多事很敏感，但也很容易立即就遺忘了。最近這種情緒一直反覆，所以有時候會很疲憊，偶爾會感覺好像快喘不過氣來了。

權教練：你說現在如同喘不過氣來般痛苦時，真的令我十分擔心啊！比任何時候更殷切期盼，今日與我的交談能幫得上忙。

智恩：謝謝！

權教練：今天和我聊什麼話題好呢？

智恩：想談談如何消除焦慮的方法。

權教練：若以不同的方式表達你想消除焦慮的心情，你會怎麼表達呢？

智恩：這很難說，想擁有舒適的心情，想知道如何以積極的想法過生活，這樣的表達應該充分表達出我的想法。

權教練：改變表達的方式，感覺怎麼樣？

智恩：明明只是用不同的方式把相同的話語表達出來，很神奇地心情突然有變得平靜下來了。

權教練：你能想一下是什麼原因促使你平靜下來的嗎？

智恩：我的心很忐忑不安，覺得自己似乎發生了什麼問題。然而，當認為這是必須要解決的問題，只要帶著輕鬆的心情和樂觀的想法，問題應該就可以迎刃而解，於是就有比較平靜一點了，因為事情也許不像我想得那麼複雜。

權教練：聽智恩這麼說，我的心也頓時變輕鬆了。今天智恩如果把要談的主題整理成一句話，會是哪一句話呢？

智恩：我想知道如何帶著樂觀和輕鬆的心情生活，我想要這麼做，應該是可以做到的。

權教練：很好！智恩你能分享一下迄今為止最輕鬆、樂觀的心情經驗嗎？

智恩：我在參加公司舉辦的旅遊或運動會的時候，會表演唱歌，心情就會變得很好，變得很輕鬆。

權教練：哇！在這麼多人前面唱歌真的不簡單，你太棒了。你能告訴我，在那樣的情況下，是什麼因素促使你的心情變好的呢？

智恩：是啊！我也覺得很神奇，怎麼會想起那時候的感覺。應該當時的心情很好，處於舒適的狀態，所以才回想起的。

權教練：你能再回想一下當時的情況嗎？哪些因素讓智恩的心情變好、變舒適的呢？

智恩：在舞臺上唱歌的時候，我不用在乎他人的眼光，只要專注地唱自己喜歡的歌，即可獲得他人的認可和稱讚，心情自然就變得很好。

權教練：那麼如同上述所說的，只要做到不在意他人的眼光、專注精神做自己喜歡的事、得到認可這三件事，智恩的心情就會變得舒適，帶著樂觀的想法過生活嗎？

智恩：是的！心情會很好！

權教練：那麼我們就一件一件地試著說說看，最近最令你費心思的人是誰呢？

智恩：孩子最受我的情緒影響，當我的心情穩定下來，孩子也會穩定下來，所以很費心思。

權教練：有沒有什麼原因，促使你產生孩子深受自己影響的想法？

智恩：現在倒不是想起孩子的情況，反倒是突然浮現小時候父母經常吵架的畫面。每當看到那樣的場景，就會覺得壓力很大。所以當我成為父母時，在無意識中會認為：「不要在孩子面前表達自己的情感。」所以在家裡不常表達出自己的情緒，都往內心壓抑，所以才會覺得心情很煩悶，變得焦躁不安。

權教練：智恩不太會表達自己心情，應該覺得很痛苦吧！然而，你曾想過如果未來也一直不表達自己的感情，情況會變得怎麼樣呢？

智恩：我認為不表達自己的感情，是為了讓孩子心情不受影響的體貼行為。我雖然不將自己的感情表現出來，但最終還是能從表情或行動上感受到，那麼做，似乎只會讓孩子更加不安，未來我應該告訴孩子我的想法或心情。

權教練：很好！智恩心中排名第二的，最喜歡的事情是什麼呢？

智恩：不是因為喜歡才做，而是覺得孩子已經長大到某個年齡了，現在想開始工作，但不知從何處著手？

權教練：你打算做什麼呢？

智恩：我想學習考幼教老師證照的相關課程，但我不知道從何處著手。

權教練：你能說得更具體一點嗎？

智恩：我不知道該做什麼啊，哈哈！

權教練：那麼你認為該從何處著手好呢？

智恩：應該先從蒐集關於幼教師考試的補習班開始著手，就可以了吧！

權教練：先蒐集補習班相關資料，接著該做什麼事好呢？

智恩：似乎只要配合補習班的課表，開始上課、準備考試即可。

權教練：很好啊！那麼要什麼時候開始詢問補習班呢？

智恩：今天輔導結束後，就可以開始詢問了。

權教練：在詢問的過程中，若有遇到不順利的情形時，你會怎麼處理？

智恩：加入幼教老師學習網路社群，或打電話給教練你啊？哈哈，開玩笑的！

權教練：當然可以跟我聯絡！也可以從網路社群中，向擁有相同目標的人那裡獲得能量，那麼做似乎會比較好。

權教練：可以讓智恩心情變舒適的事情當中，哪一件排名第三呢？

智恩：如果得到認可和稱讚，心情似乎可以比較輕鬆，能更樂觀地生活。

權教練：那這部分要怎麼實踐才好呢？

智恩：我會努力學習，考取證照，我認為那是一旦我開始工作，即可迎刃而解的事情。

權教練：你說出：「即可迎刃而解的事情」時，我真的很替你開心！那麼智恩申請我作為輔導教練，將本人的想法與我分享，並談論自己所規劃的未來藍圖，所以真的很想告訴你，我對你的未來期待很大。

智恩：是嗎？哈哈，謝謝！

權教練：今天有沒有更多想和我分享的新感受？

智恩：如果我不用言語向他人表達自己的心情，以為他人的心情就不會受我影響，自己就一直用隱忍的方式過生活。然而，卻使自己變得十分疲憊，孩子要看我的臉色，反而讓他們更累，所以覺得應該多和孩子互相傾訴彼此的感情。

當我開始集中精神在某件事情上時，也能自然地消除這種不安的心情，心情變得更輕鬆了。謝謝！

權教練：那今天的諮詢就結束囉？

智恩：好的，謝謝！我會努力的！未來一定可以帶給你好消息的。

×××

連續五個星期的週六，我從早上九點到晚上七點要去聽專題講座。隔日星期日早上身心都會感到疲憊不堪。

兩個相當黏媽媽的孩子，也會在我周圍晃來晃去，想要跟我玩，但實在沒有多餘的心力。因為晚上十二點之前還要繳交研究生報告，整天都在書桌前度過，吃完丈夫準備的晚餐，就馬上離開餐桌。

「媽媽，陪我玩一下嘛！一起玩嘛～好嗎？」

在小敏的熱情糾纏下，我又再次地把屁股坐回椅子上。

「玩什麼好呢？媽媽今天晚上之前有作業要完成，只能陪你們玩三十分鐘。現在時鐘的長針停在十二的位置吧！那我們玩到長針停在六的時候。」

「哇！太好了！」

話還沒說完，小敏就把卡片箱拿過來。

「這是昨天媽媽上學的時候，跟爸爸一起聽課的感情卡。這些卡片上寫著情感有關的字。請媽媽選出和自己心情最接近的三張卡片，並跟我們說明原因，懂嗎？」

說明完之後，小敏把卡片攤開來，用認真的表情選擇自己的感情卡。

孩子在感動、熱情、感謝、引以為傲、擔心、無聊、委屈、悸動、高興等幾十個情感詞彙卡片挑選的過程中，我也在不自覺中集中起精神來。

小敏不斷拿起又放下卡片，最終挑選出了今天的感情卡片為「有趣」、「無聊」、「委屈」。

我沒問小敏，她卻自己說明挑選這幾張卡片的原因：「昨天我和爸爸一起聆聽了感情表達課程，很有趣。今天媽媽整天在房間裡學習，我覺得很無聊，白天小媛做錯事，但我們兩個人卻一起挨罵了，我真的很委屈。」內心覺得她很可憐。

理解她有充分的理由產生那樣的心情，並告訴她：「下次為了不讓小敏有那樣委屈的心情，爸媽會注意的。」她覺得很難為情，就鑽進了我的懷抱裡。

「今天過得怎麼樣呢？」

「很有趣！」

「媽媽也覺得有趣！」

這是以前小敏睡覺前我會和她聊的內容。

我們每天都會像今天這樣，確認彼此一整天是不是都過得很有趣之後，就上床睡覺了。

然而，我們利用感情卡，讓對話自然地進行下去！

「媽媽！媽媽也選選看！」

我也考慮了很久，挑選出了「對不起」、「疲憊」、「勞累」等詞彙。

小敏認真看了我挑選的卡片之後，邊說著：「媽媽！媽媽！這張好像也是媽媽的卡片。」而取出的卡片是「敏感」、「厭煩」。

我笑到臉色都發紅了，然後問了小敏。

「媽媽想知道你為什麼把這些情感詞彙交給媽媽，你能告訴我嗎？」

隨著我的大笑，小敏也「哈哈哈！」帥氣地笑了起來，笑聲停止後，她說：「媽媽真的不知道嗎？今天我跟你說話時，你就會說：『等一下再說，去拜託爸爸，現在在忙，一定要現在做嗎？離開這間房間。』一整天都說了這樣的話，這些表現不都是因為媽媽過於敏感嗎？」

「哎呀！媽媽真的那樣嗎？媽媽實在太抱歉了！媽媽有重要的事要在今天

完成，似乎心裡過於著急，才會那樣，真的十分抱歉。」

小敏平淡地回答：「媽媽，不必感到抱歉。」這讓我的眼眶泛了淚光。她竟然覺得整天說那些不好聽的話的媽媽，一點都不需要對她感到愧疚！然而，我卻因為接下來的話語，讓我的身體如同石頭般變得僵硬起來。

「最近一直都這麼做，不是只有今天這樣，你幹嘛道歉啊？」

身為媽媽的我即使發脾氣，小敏也如往常蹦蹦地朝著我飛奔過來，投入我的懷抱中，我還以為她很快就會忘記我的不耐煩！

原來她都記得，還跑來抱我，搓揉我的臉，只因為我是媽媽。一直以來，我以為我包容並擁抱孩子的一切，事實上，並非如此！是孩子一直在等待我、包容著沒耐心的媽媽。能夠坦率地表達情感的時間，讓人客觀地看清楚情況，也是學習分享彼此心情的最佳方法。

思考一下

依據首爾大學心理學系閔景煥教授的研究顯示，表達情感的詞彙約有 434 個，其中表達喜悅的愉快詞彙約佔總數的 30%，表達像生氣的不愉快詞彙超過總數的 70%。你在生活中使用了多少個感情詞彙？

喜悅	幸福、高興、舒適、欣慰、愉快、歡樂、觸電般的快感、舒爽、清爽、輕鬆、滿意、爽快、恍惚、安心、有趣、愜意、感動、輕快、其他詞彙等。
傷心	悲傷、孤獨、絕望、淒涼、心碎、惋惜、悲傷、想哭、鬱悶、受傷、罪惡感、可憐、黑暗、遺憾、空虛、惻隱、羞恥心、不愉快、其他詞彙等。
愛	可愛、得到認可，感受到魅力、感受到溫暖、受到關心、感謝、多情、和平、想要幫助、得到愛、獻上精誠、令人尊敬、其他詞彙等。
慾望	生氣、感受到競爭感、感受到嫉妒、固執、羨慕、感受到急躁、令人垂涎、不滿意、其他詞彙等。

● 請從上列的情感詞清單中，找出令自己內心湧出各種情感的各個對象，並一一記錄下來。（如孩子、配偶、父母、朋友等。）

● 請令自己自內心湧出某種感情時，腦海中所浮現的某個對象現在擁有什麼樣的想法，並試著一一寫下來。

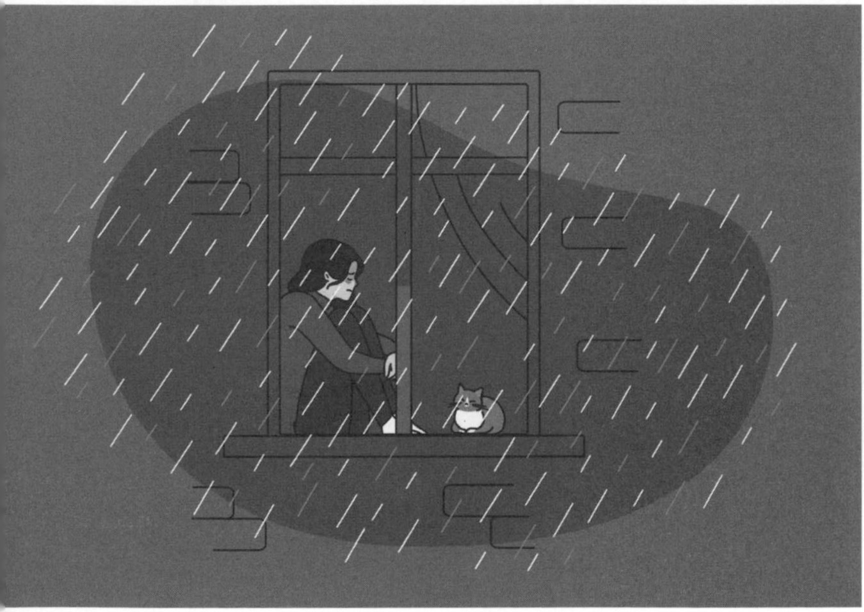

為你的開始而加油

事實上，我承認直到寫這篇文章之前，並不知道自己是否經常使用某種情感詞彙。

自認為寫過的、聽到的情感詞彙，可能比自己想像中還少。語言中表達顏色的單詞真的很多，以黃色為例來做說明，黃色細分為鵝黃色、暗黃色、黃色、深黃色、淺黃色等。令我們感到驚訝的是，當聽到這個顏色時，會聯想到了其他類似的顏色。

在瞭解情感詞彙的過程中，對於「快」這個詞彙產生了好奇心，「快」讓我先聯想到快樂和幸福這兩個單詞，於是在語言詞典中查找了一下它們的意義，發現了有趣的內容。

高興：當慾望滿足時，所產生的喜不自勝和滿足的心情或感覺。

幸福：在生活中感到充分的滿足感和喜悅感，或其所處的狀態。

高興與幸福都涵括了充足、滿足這兩個詞彙。

這個兩個單字裡皆有足這個字，足的意義包含①腳②根、根本③山腳④停歇⑤跑⑥充足等。

結果，我們似乎可以把快樂的狀態，解釋為如果根、根本被填滿時，就會覺得心滿意足。

發怒：對某件事感到憤怒或興奮，身體就會發熱。

發火：因為生氣，而產生火氣。

不愉快的詞彙當中先想起的是「上火」（열받다）、「發火」（화나다），

試著在詞典中查找了一下其意義，發現了有趣的內容。事實上，在查詢的過程中，也曾懷疑是否能在辭典中找到這些詞彙，結果查到了，真的嚇了一跳。「上火」、「發火」這兩個詞彙，都有火這個共同的字，火的意義包括①火，②燒焦，③燃燒等。上火、發火，就是在自己的體內生成火，將自己燃燒。這樣的解釋，就可以理解為什麼只有韓國人才會罹患火病（韓文為「화병」，抑鬱症的一種）。自己的身體著火了，怎麼會不生病呢。

韓文「火病（화병）」這個單詞，在辭典中出現兩個意義。第一個意思是抑鬱症（韓文稱為「화병」，漢字為火病），當內心的委屈心情無法抒解時，導致生理功能出現障礙，進而出現頭痛、肋下疼痛、胸悶、睡不好等症狀。第二個意思是花瓶（韓文的發音與火病同為「화병」）是指插花的花瓶。既然如此，我們就試著在心裡插上花，而不是火怎麼樣？如果在心裡插上花朵，就能散發出香氣，不僅能讓自己，也能讓他人幸福。今天就試著

在自己的內心插上某種花朵！

我想送小蒼蘭給閱讀本書讀者們。

小蒼蘭的花語——

為你的開始而加油！

教練隨筆

到達了，做得好

三年前的十二月嚴冬。

我的先生曾到美國出差一個月。

出差前，每天早上七點三十分左右，全家人都從家裡一起走出來，坐上了先生的車。

先生先用車子把兩個孩子送到離家五分鐘車程的托兒所，在離托兒所三分鐘車程的地鐵站讓我下車，然後自己再去公司。隨著先生出差期間的延長，雖然我也有駕照，但看著我放在櫃子裡的駕照，雖然已考到十年以上了，不過要自己開車這件事，依然使我悶悶不樂。

以前我不開車，可以坐其它交通工具，就算辛苦轉乘也不怕苦。但現在不一樣了，先生出差前孩子們只要搭乘先生的車子，五分鐘就可以溫暖地到達托兒所。然而，卻因為我不會開車，孩子們必須在寒冷的冬天清晨吹著冷風，走十五分鐘，讓我對她們深感愧疚。

於是急忙地重新學開車。從安陽到富川單程約一小時左右的上班距離，前五天忙著按照導航的指示開車，都可以平安地上下班，比較熟悉交通路線之後，打開了收音機頻道聽歌。

也跟著從收音機裡傳出來的歌曲歌唱。「不要對自己失望，所有事情不可能都做得很好，明日比今日好即可。人！生！是現在！啊！啊！啊啊啊！啊！不知道的派對！跟著走~跟著走~啦啦！愛神派對！」

跟著走！走向頂峰的瞬間，

「碰！」

發生交通事故了！

車子前側保險桿與其他車子的前側保險桿擦撞了！

我的生命雖然很重要，但更重要的是孩子們的安全，自那日之後我就放棄開車了。

孩子們有時會問我：「媽媽，現在不開車了嗎？為什麼？」

我很誠實地回答：「是的，媽媽害怕開車。」

啊…但開車之後，又不開車，真的很多事情變得非常不方便。

在徵求先生的同意之下，決定由我開車去旅行的目的地。

有時我開車時，先生會變得很敏感。

「不是的，就一直往前走！」

「喔，方向燈，方向燈！」

「嚇我一跳！又是一個緊急剎車了！」

我的回答也始終如一。

「拜託，還好啦！」

孩子們看著先生和我互相爭吵的場景，也跟著緊張起來了。從前爸爸開車時，會不停要求我唱歌、跟他們玩遊戲的孩子們，卻在我駕駛的路途上一直嚷嚷著：「什麼時候會到？」「我肚子餓了！」「想解開安全帶！」等等。

在某個我開車的日子裡，小敏叮嚀爸爸說：
「爸爸，你今天必須冷靜地、慢慢地教媽媽，不可以生氣喔！」
驚慌失措的先生回答小敏：「爸爸什麼時候對媽媽生氣了？」
「爸爸的聲音變得不一樣了啊，那會讓媽媽感到更緊張的。」

我的孩子，長大了！

把自己想說的話都說完了。
也沒忘記提醒妹妹說：「今天我們必須幫助媽媽，你也是對於你不曾做過的事情很緊張吧？媽媽很久沒開車了，所以不能打擾媽媽。」

小敏當起我的發言人。
約開了一個小時左右的車，就到達目的地了。

在整個開車過程中，我聽不到孩子們的聲音。

在我擔任駕駛的某一天，

丈夫總是叮嚀說：「在圓環上必須快速轉彎。」

我的發言人小敏也沒有袖手旁觀，對著爸爸說：「爸爸！媽媽比爸爸更緊張！說小聲一點，也能聽得見。」

過去在這個時候，只會聽到了孩子的聲音。

過去孩子在十分鐘的車程裡，會問至少十多次什麼時候到達，可是現在一個小時內，卻未聽到任何聲音。

到達郊遊的目的地了。

孩子們太安靜了，心想：「是不是睡著了？」轉過頭去看一下後座。

孩子們緊緊地握著彼此的手。她們互相望著對方，之後和我的眼睛對視了，並露出了笑容，並對著我說：

「媽媽！你做得很好！你還會害怕嗎？現在沒事了！我們到達了，你做得很好！」

出遊結束後在回家的路上，是由我先生開車。

孩子們在車上一會兒唱着各種兒歌，一會兒糾纏着我一起玩遊戲，一會兒打盹，一會兒又耍賴，弄得我暈頭轉向。

回到家之後，我問她們：「媽媽開車時你們很安靜，爸爸開車時為什麼那麼吵？」

「媽媽對開車沒有信心，我們吵鬧的話，爸爸會生氣，媽媽就會更緊張了。媽媽今天是鼓起勇氣開車的，想給媽媽勇氣，媽媽現在產生勇氣了嗎？」

孩子單純的答案和閃閃發亮的圓圓滾滾眼睛，顯得更可愛。

為了給我勇氣，八歲小孩愛玩的個性，怎麼一下子就得如此懂事體貼？並帶著妹妹一起耐心的陪伴媽媽，我真的很感動。

她是從哪裡學來的？我曾像孩子這樣全心全意地等待過嗎？

只有催促孩子的記憶：「不要老是找藉口，快點去做！」

我照顧你長大，你小小身體卻懂得安撫我緊張心情，

為了讓我擁有勇氣，而用盡全部的力量，

為我加油的孩子，身為媽媽的我，今天也上了一課。

第三章

想知道，未來

致想找新工作的你

一九八七年一月十七日，徹底改變了一個九歲孩子的人生。因好奇心而玩火的他，卻燒毀了自己全部的家，全身三度燒傷，甚至醫院宣告存活率是零，這個孩子現在變成怎麼樣了呢？

他周遊世界十二個國家、四十九個州，平均每年舉辦一百九十二場演講，成為帶給人們希望的演說家。

婚後和四個孩子幸福生活的故事主角，是《走過烈火磨難後最真實的生命體悟，七個關鍵提問改變人生》（On fire：the 7 choices to ignite a radically inspired life）一書的作者（John O'Leary），摘自該書的某個章節，內容如下：

「克服懷疑和恐懼的人也能克服失敗，如果你想過一個富有創造力、有影

響力，且令人興奮的生活，那麼從現在起，就須賭上自己所擁有的一切！」

行動、夢想和成長。
成長是證明生命的唯一基礎，
請選擇每時每刻都在成長，
你今天要怎麼證明你還活著呢？

×××

權教練：用顏色來表達今天心情的話，會想到什麼顏色呢？
佳穎：　今天的心情想起了深紫色。
權教練：為什麼會想起了深紫色呢？
佳穎：　它並非完全中性色，也不是灰色，當我生氣時，覺得是紅色，當我清

醒時，藍色的感覺更為清晰，所以聯想到了深紫色。

權教練：你說的不是深紅色，而是紅色，似乎佳穎的心更為炙熱。

佳穎：是的，沒錯。不是深紅色，而是紅色。事實上，藍色也是如此，不是藍色，而是深藍色更貼近我現在的心情，哈哈！

權教練：今天會是一段很有意義的對話時光，很期待。和我聊什麼好呢？

佳穎：我需要一個聊天的對象。需要一股適應職場的力量，或者挑戰我想要做的事情的勇氣。

權教練：啊，原來如此！今天佳穎需要一個談話的對象、力量和勇氣。那麼你能把今天要談的內容整理成一句話嗎？

佳穎：啊……好難啊！我想學習如何找到一份新工作的方法。

權教練：很好！你說要一份新工作？那你能談談現在從事什麼樣的工作？

佳穎：我的工作很穩定，但我不太適應公司的文化和團隊合作，覺得很辛苦。我因為放棄年輕時的夢想而感到後悔，但卻沒有重新開始的勇氣。

權教練：你能更具體說明一下嗎？

佳穎：我在大學主修電影和電視劇編輯。工作很有趣，但收入不穩定，很難繼續做下去。運氣和人脈也很重要，有很多事情不是光靠努力就可以做到的，所以遇到了很多挫折。

權教練：原來如此。就某些工作而言，雖然實力很重要，但運氣和人脈卻具有關鍵性的影響力，所以有時候會覺得很煎熬。你現在從事什麼工作呢？

佳穎：我從事文化藝術方面的工作，我原本想取得指導者證書，擔任講師，但現在從事行政方面的工作。雖然已經工作五、六年了，但感覺並沒有累積什麼特別的職場經歷，只是一份謀生的工作，內心覺得有點可惜。

權教練：能分享一下從你工作之初到現在，覺得最幸福的記憶嗎？

佳穎：我記得二〇〇九年時，公司同仁對於我所編輯的作品給予肯定的評價。那時候真的覺得工作很有趣。

權教練：那時的佳穎若有話想對現在的佳穎說時，會想說些什麼話呢？

佳穎：不管你做什麼，世界上沒有輕鬆、舒服的工作。既然如此，那麼就做你想做的事情吧！

權教練：哇！這句話也引起我的共鳴！

十年後的佳穎若有話想對現在的佳穎說時，會想說些什麼呢？

佳穎：你已盡力了，振作起精神來吧！

權教練：沒錯！佳穎正在全力以赴，振作起精神來吧！我也會為你加油的。

權教練：能分享一下你目前這份工作的優點嗎？

佳穎：最大的優點就是工作穩定，不用擔心未來會被解僱的問題。

權教練：那麼有哪些缺點呢？

佳穎：公司的氛圍很權威性、自私自利，所以覺得很累。再加上個人慾望未能得到滿足，覺得很無力！

權教練：原來是因為那些部分感到煎熬。那麼讓我們一起談談一下，繼續在現在公司上班的優缺點，好嗎？

佳穎：繼續待在現在公司的優點是，工作內容已經習慣了、比較輕鬆、可以穩定地繼續工作。缺點是，無法感受到工作的成就感，就像是每天例行的生活，毫無成就感。心想：「別人也都這樣過生活吧？」於是就忍耐下來，有時會產生「這不是在浪費人生嗎？」的愧疚感，所以常常感到心煩意亂。

權教練：我也有和佳穎心情一樣的時候，能夠理解你的心情。佳穎周圍有能幫助你的人嗎？

佳穎：想起了二個人。一位是意志力堅強的人，可以從他身上得到安慰，但因為所屬單位不同，不能經常見面。還有一位是我們部門的組長，雖然可以聊聊部門裡的事情，但離退休只剩下一、兩年左右的時間，所以很難期待他能積極地提供解決方案。

權教練：可以要求調動部門嗎？

佳穎：猶如同碗飯裡的味道都差不多的道理一樣，同一家公司裡即使部門不同，氛圍也差不多，我不想那麼做。

權教練：那麼讓我們來談談跳槽的優缺點，好嗎？

佳穎：似乎可以期待能從那種氛圍中解脱出來。但換工作，需要準備履歷資料，不過孩子們都還小，準備起來感到有點困難。

權教練：你能分享一下，為了擺脱這些情況做了哪些嘗試呢？

佳穎：我曾到醫院治療壓力和憂鬱症，治療了三個月左右，症狀已經稍微得到改善了。

權教練：佳穎擁有想要積極解決問題的企圖心，相信一定會好轉的，我也會為你加油的，還有嗎？

佳穎：感覺體力不支，正在吃補藥。

權教練：心和體力都一起關注到了！你實在太棒了！還有嗎？

佳穎：沒有了，似乎就這麼多。

權教練：以後想做哪些嘗試呢？

佳穎：想向身邊的人尋求建議，並從他們身上獲得力量。

權教練：沒錯，我也覺得從親友那裡得到的力量，能讓自己更強大，還有嗎？

佳穎：似乎透過運動來增強體力更好。

權教練：現在你正在吃補藥啊！透過運動，可以提高體力。如果體力變好，有哪些優點呢？

佳穎：體力好的話，好像可以降低煩躁度。現在很疲憊，有時候無法控制情緒。

權教練：從體力到調控情緒，是透過運動可以獲得改善的兩種收穫！很好！運動從什麼時候開始做呢？

佳穎：我想明天就可以開始運動。

權教練：除了運動以外，你還可以做別的嘗試嗎？

佳穎：如果想準備跳槽的話，必須利用空檔準備履歷資料。

權教練：打算從什麼時候開始準備履歷資料？

佳穎：從今天起擬定計劃，稍微準備一下，就可以了。

權教練：哇！到目前為止都不曾動手準備過履歷資料，那為什麼會想要從今天開始做起呢？

佳穎：今天說著說著，覺得不能馬上換工作的想法讓自己更加痛苦。如果我因為喜歡的事情準備履歷資料時，可以像過去一樣集中精神，找到樂趣，也可以轉換心情，所以心情很好。

權教練：你的心情變好了，我也很開心。準備履歷資料的過程中，是否還有可以嘗試的事情呢？

佳穎：與其每天如行屍走肉般在公司工作，不如培養自己的好心情，自己的意志也能更加堅定。現在不僅對公司的所有事物都感到無趣，也覺得和同事沒有交集，所以很想離開公司。

權教練：就像剛才所說的那樣，佳穎專注精神在自己的內心，並善待之，自然就會想起自己喜歡的事情，也可以做得更好，你還有什麼可以嘗試的嗎？

佳穎：我想這已經足夠了！

權教練：最後你還有什麼想要說的或是新的想法嗎？

佳穎：到目前為止，這間公司是在時間上最適合育嬰的工作，因為仍然要賺錢工作，只是一想到要持續在這間公司待下去，就會感到很鬱悶、煎熬。

但今天在聊天的過程中，覺得自己可以善加利用在這家公司工作時的優點，好好準備履歷資料，先培養體力，在換工作時機到的時候再換工作，心情就變得輕鬆一些。

如果是以「不是因為忍耐而待下去，而是為了喘口氣」，就會想要感謝現在的公司呢！

權教練：聽你這麼說，我也覺得很開心！最後你還有什麼話想說的嗎？

佳穎：沒有，謝謝！

權教練：那麼佳穎給自己一句加油的話，來結束這段談話，好嗎？

佳穎：到現在為止你一直做得很好！別在乎他人的眼光，做你想做的事情，好好做準備吧！你會越來越好的，別擔心！

權教練：沒錯，佳穎，到現在為止你真的做得很好，未來一切會好轉的！我也會全心全意地支持你！

✕✕✕

「我想去一個由自己的熱情引領的地方，卻不知道引領自己的熱情在哪裡，所以覺得很煎熬。」

紅髮安介紹自己的名字不是ANN，而是字尾有E字的ANNE，當我遇見她時，我的人生有了一百八十度的轉變。

當我遇到ANNE時，因為我不確定我的熱情到底在哪裡，不僅如此，還意識到自己正在停下腳步。

我想更深入地學習關於輔導相關知識，去年春天考上了研究所，但隨著新型冠狀病毒疫情擴散至全世界，即使三月開課，也不能去學校。

一想到「不僅不能去上課，就連人根本都見不到，那又怎麼能對他人提供輔導呢？」就覺得驚慌失措，但又換個角度想，「如果面對面的輔導行不通，那麼就採用非面對面的輔導。」問題就迎刃而解了。

於是我下定決心在網路上的媽媽聊天室裡，讓想要接受輔導的人提出輔導申請，並透過電話進行輔導。

最初我擔心會沒人申請，不過這顯然只是杞人憂天。

隨著接受輔導者的人數越多，幾乎每次都是瞬間額滿。

在輔導過程中，最常聽到客戶說一句話，即是「難得是以自己為主題進行對話，這讓自己心情變好了。」

當我開始擔任教練時，對於自己能幫助他人改善生活狀況，覺得很感謝！但是隨著輔導次數的增加，我領悟到這個想法有多麼愚蠢。事實上，透過輔導，自己也在成長，自己的生活也發生了變化。

我的人生劃分為擔任教練前（Before Coaching）和教練後（After Coaching）。

擔任教練前我無法信任自己，經常說：「現在這樣繼續下去，沒關係嗎？」總是坐立難安。

然而，擔任教練後的時期，我奮力往前奔跑，只要自己想要做的任何事情，都會精力充沛地去完成。有些人偶爾會問，接受輔導是否有成效。接受輔導並不一定就會立即見效，但在接受輔導後，實際去執行自己決定要實踐的事情時，才會出現效果。

最近我經常接到以前接受過輔導的人的聯絡電話。「擔任教練後，因燃燒的慾望而忙碌。」過去不知道該做些什麼事，覺得很徬徨無措，現在想做的事情太多了，每天的時間都不夠用，但我仍然每天都很認真地生活。

我也不是一開始就想寫書。

進行一對一的輔導時，我的身體只有一個，但需要輔導的人卻越來越多，時間也越來越不夠用。正在煩惱如何擺脫時間的限制，就想到如果把輔導案例編輯成書籍，分享給他人，就可以讓更多人看到，所以我開始提筆撰稿。

也許我們從一開始就規劃好一切，但不可能一次就完成。所以建議從現在就開始著手，逐步進行。

思考一下

你目前的狀況並不能決定你要去哪裡，
目前的狀況僅能決定你從哪裡開始

— 賈尼多・奎班（Nido Qubein）

◆ 今天你想邁出的第一步是什麼？

◆ 今天的第一步能在十年或二十年後，帶你到什麼樣的位置呢？

致 因工作而焦慮不安的你

未來學者湯瑪斯・傅萊（Thomas Frey）曾說，到二〇三〇年將有百分之四十七的職業會消失。

在餐館用餐結帳時，在櫃台問候客人「用餐愉快嗎？接著又說下次記得再來光顧！」的店員將會越來越難見到。我所住的大樓商店街裡有一間大型超市，原本有四位負責結帳的收銀員。經過一段時間之後，再次造訪時工作人員只剩一位，其他收銀員的空缺由自助收銀台遞補之，記得當時在結帳時感到很慌張。因為很久沒去超市了，最近都是在家裡透過網路訂購商品，往往第二天就會到貨了。

二〇一八年播出的韓國MBC特別節目〈十年後的世界—美好的新世界和就業機會小偷〉。在節目中，在街道上訪問偶遇的市民們，詢問他們的職業，並告訴他們自己的職業在二〇三〇年有百分之幾的機率，會被機器人所替代後，民眾都露出十分驚訝的表情，他們的表情至今仍深印在我腦海裡。

即使我不會立即被機器人給取代，但要從事哪方面的工作比較好呢？現在的我們，生活在一個必須隨時擔心飯碗隨時不保的時代裡。

✕✕✕

權教練：最近你的心情怎麼樣？

淑美：　三個月前的我非常沮喪，但之後就像頓悟般平靜，沒有什麼特別的想法。

權教練：那種心情會聯想到什麼顏色呢？

淑美：　灰色，雖然並非全黑，但感覺就像在霧中行走一般模糊不清。

權教練：透過今天的對話，將盡我最大的努力，讓你的煙霧消散、撥雲見日，眼前清晰可見。今天我們要談什麼主題好呢？

淑美：我想談關於自我潛能開發或工作的相關內容。但在開始今日的輔導之前，在填寫輔導前問卷時，仔細想了一下，覺得似乎這些內容都與育嬰相關。更具體說是想知道如何調整工作時間和育嬰時間的比重。

今年孩子四歲了，如果不是因為新型冠狀病毒疫情的關係，本來想在去年就送他進幼稚園的。但因為疫情的關係，擔心環境不夠安全，再加上孩子第一次過團體生活，要待在幼稚園裡一整天，且不能拿掉口罩，覺得不放心，於是就把他帶回家了。

因此我也在家裡多休息了一年，越來越覺得自己好像生鏽了，卻不想繼續生鏽下去，但又不知道該怎麼辦，因而感到悶悶不樂。

壓力不斷累積，再加上疫情的關係不能出門，找不到紓解壓力的方法，感到很沮喪。我如果不出去工作，家裡的經濟狀況很快就會出現缺口，所以不能再休息下去了。孩子喜歡在外面玩耍，遇見朋友時就會想和他們一起玩，感覺好像可以送他去幼稚園了，但又不太放心，於是遲遲未送他去。因為我喜歡學習與利益無直接相關的語言、歷史等，先生認為既然重新學習，就建議我去考具實用性的證照，如：不動產經紀人證照，但對於這類我真的不感興趣，我知道還是要賺錢，所以煩惱著到底該做什麼好？

權教練：聽你這麼一說之後，感覺你有很多煩惱！你談了各式各樣的事情，你能用哪一句話來概括今天要談論某個主題嗎？

淑美：想詢問有沒有能改善經濟狀況，自己也會感興趣而去學習的方法，不知該怎麼著手才好？

權教練：可以談一下你為了達成此目標，嘗試過哪些努力呢？

淑美：我曾上網搜尋相關訊息，也經常和丈夫商量，也研究過各種證照。但證照種類繁多，又很複雜難以瞭解。最近覺得諮詢師的工作似乎也十分有趣，哈哈！

權教練：你做過各式各樣的嘗試，你談到諮詢師應該覺得很有趣時笑了，可以告訴我你笑的理由嗎？

淑美：這次我申請輔導時，突然萌生這個想法，所以剛剛說出來時覺得有點好笑！若想做諮詢方面的工作，必須要專研很多書籍吧！我現在年紀也大了，不過在和教練聊天的過程中，覺得這個職業似乎也會很有趣。

權教練：對很多領域感興趣是件好事，你說現在偶爾會做一些工作，能否問一下你從事什麼樣類型的工作？

淑美：我在補習班教英語。

權教練：原來是英語老師，現在做的教學工作和輔導諮詢工作結合在一起時，能夠做哪些工作呢？

淑美：這很難說，我是教書的，從未想過和輔導結合在一起。

權教練：如何學好英語的方法，你會想要告訴什麼人？

淑美：家長們應該會很關心吧。

權教練：你能給予他們什麼幫助呢？

淑美：我想應該可以教他們如何幫助小孩學習英語。

現在教英語，也不知道可以做到什麼時候？一直會感到不安，這份工作不像上班族有退休金或老人年金，所以更加憂心忡忡。

但英語指導教練的工作，應該比現在這樣單純教英語更有趣，似乎能更穩定地長期做下去！因為有經濟壓力，我原本打算放棄從過去累積至今的職場經歷，開始準備不動產經紀人證照考試，所以心情一直十分鬱悶。

然而，若我成為英語指導教練時，不僅迄今的職場經歷仍可繼續累積下去，而且更加有信心覺得自己可以做得好。也知道該怎麼做，因為我有許多經驗。

權教練：聲音比第一次更開朗，好像是另外一個人在說話了！哈哈！除了做英語教學指導教練以外，還能做什麼事嗎？

淑美：這很難說？想寫一本書？最近的人經常看 Youtube，似乎也可以上傳影片。

權教練：這麼一來淑美將可以從事什麼樣的工作呢？

淑美：那麼我既可以成為作家，也可以成為 Youtuber，哈哈！

權教練：那當然啊！淑美可以做的事情有很多，真羨慕！

淑美：我真的很喜歡擬定計劃，提前預測結果，擴大思維。現在和教練聊天，突然覺得很激動，想做的事情也突然多了起來。

現在的孩子們都喜歡年輕漂亮的老師，我還能教他們到什麼時候呢？所以一直在擔心。但現在聊天的過程中，發覺這是因為自己一直沒能擺脫過去的習慣性思維。各式各樣的方法這麼多，自己為什麼都不知道啊？可能是因為這幾年都在家照顧孩子吧！哈哈！

權教練：照顧孩子也可以成為非常好的經歷，那麼哪些年齡層的父母會希望接受小孩英語學習方法指導呢？

淑美：應該是剛接觸英語的孩子，或升上高一的學生家長吧？

權教練：原來如此。你現在在撫養孩子，為什麼不把孩子和英語學習的內容編組成一套課程，展示給他人看呢？

淑美：這樣應該會更有說服力。這也是我在照顧孩子的過程中，曾嘗試過的事情。

權教練：那當然啊！淑美現在不僅照顧小孩，還培養了強而有力的競爭力。

淑美：有時家長跟我諮詢時，有的人也會問我，結婚了嗎？有孩子嗎？如果你跟他們說和他們一樣都有小孩時，他們會更加信賴自己，覺得有親切感。

權教練：原來如此，淑美真是潛力無窮啊！

淑美：最近從未對任何事情感到怦然心動，或燃起想要做某事的慾望，今天接受教練的輔導之後，想要做的或嘗試的事情變多了，真的很高興！真的很感謝教練！

權教練：淑美說自己很開心，我也很開心。要結束輔導了，還有想要知道或想要談的內容嗎？

淑美：直到今天開始輔導之前，我一直認為照顧孩子會中斷職場的經歷，因而產生恐懼感。但今天在我們聊天的過程中，了解到自己擁有很多優點，真的感覺很好。

事實上，因為照顧孩子的關係，很難花很多時間準備考證照，或在生疏的領域上重新學習，於是一直裹足不前。當我發現至今的職場經歷可以運用在新領域的工作上時，突然有了動力。今天真的很高興，才有辦法聊這麼多，謝謝你！

權教練：不用感謝我，這些都是淑美原本擁有的。你說對你有幫助，我才應該要更感謝啊！

淑美：　我開始著手時，會再跟教練聯絡，謝謝！

權教練：我也會真心為你加油，會一直等待淑美的聯絡電話的，謝謝！

✕✕✕

我們夫妻結婚十年了，從新婚到現在很少吵架。

因為彼此對生活的態度差不多，不管什麼事都吵不起來，在家裡會吵架的理由只有一個，就是打掃！

和喜歡乾淨的先生一起生活，平時覺得無所謂，但是到了先生忍無可忍的臨界點時，就是我們爭吵的時候。

「拜託！認真打掃吧！拜託！」

我也有很多怨言要說。

「我覺得不會髒亂啊，你如果看不順眼的話，就自己收拾一下！有小孩的房子，這樣算很乾淨了！你到底還要多乾淨啊！」

老二出生後沒多久，因為打掃問題，又發生了一次爭吵，之後我們一起去的地方不是法院，而是去上整理專家顧問課程。

帶著「看誰說得正確」的心態，並且努力學習，最後我們兩個人皆考取整理顧問證照。當聽到我們夫婦一起來上課的理由後，其他學員都覺得很好笑，但對我們而言，環境整潔標準的不一致，關係著「今後是否可以繼續一起生活下去」，是十分嚴重的問題。

每個週末從上午九點到晚上六點，一共上四次課。

這時正是哺乳期間，所以攜帶了擠乳器，午餐時間就在休息室裡擠母奶。

但考取證照之後，似乎也未發生太大的變化。但自從那次以後，我家就沒有再出現大聲爭吵的情況，祕訣只有兩個。

第一個孩子出生後，我們兩個從未單獨外出過。生完老二後，第一次把孩子託付給娘家照顧，度過了兩人的時光。可以把注意力完全集中在彼此身上，在整理環境之前，就先整頓了各自的心靈世界。

第二個祕訣是改變了一個習慣。最近我每天晚上都帶著大購物袋在家裡的各個角落到處走動，只要是散落在地上的物品，不管種類為何，都會裝進購物袋裡。然後把購物袋放在小房間的某個角落裡（藏在先生看不見的地方），有空檔時就一一拿出來物歸原位。

首先，把孩子、先生和我的用品進行分門別類，孩子的用品又細分成老大的、老么的，讓孩子們自己把這些用品放回原位。再將自己和先生的物品各自擺放在梳妝台、衣櫃和廁所等場所。我比較勤快的時候，有時在一天之內就整理乾淨了，但懶惰的時候，甚至會累積到三、四個大購物袋。如果你問我當時為什麼不隨時收拾東西，就不用最後再自找苦吃呢？我也不知道如何回答，只能說這是適合我的方法，這就是原因。

我整理房子的方式和「思維導圖」很相似，韓語稱為思想地圖。就是先在心裡畫一張圖，畫一個大主題，再畫枝幹的方法。

繪製思維導圖的方法如下

- 將Ａ４紙橫放。
- 在紙的中間以繪圖方式畫出或是書寫方式寫出核心主題。
- 以主題為核心，將與主題相關的關鍵字以枝幹延展出去。
- 在各個枝幹中再次以相關的主題把枝幹延展出去。

繪圖或著色都對大腦產生視覺性刺激，提高辨識力。

如果覺得整個過程很麻煩，只需在中間寫下自己煩惱的主題，然後像樹枝一樣往下寫下相關內容。

將腦海裡的想法在眼前展開，成為我往前邁進的思維導圖。

思考一下

我有件事要做決定，卻無法釐清，先將許多抽象的想法集中在某個地方，然後再一一重新分類。
請參考左頁表格試著做做看，最近在手機 APP 商店中搜尋「思維導圖」時，就會出現很多相關的 APP，選擇其中一種使用即可。

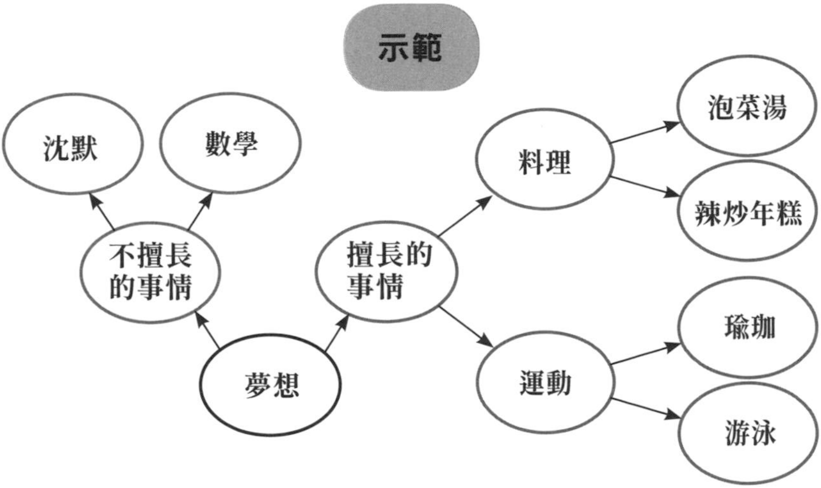
示範
沈默
數學
不擅長的事情
夢想
擅長的事情
料理
泡菜湯
辣炒年糕
運動
瑜珈
游泳

實踐篇

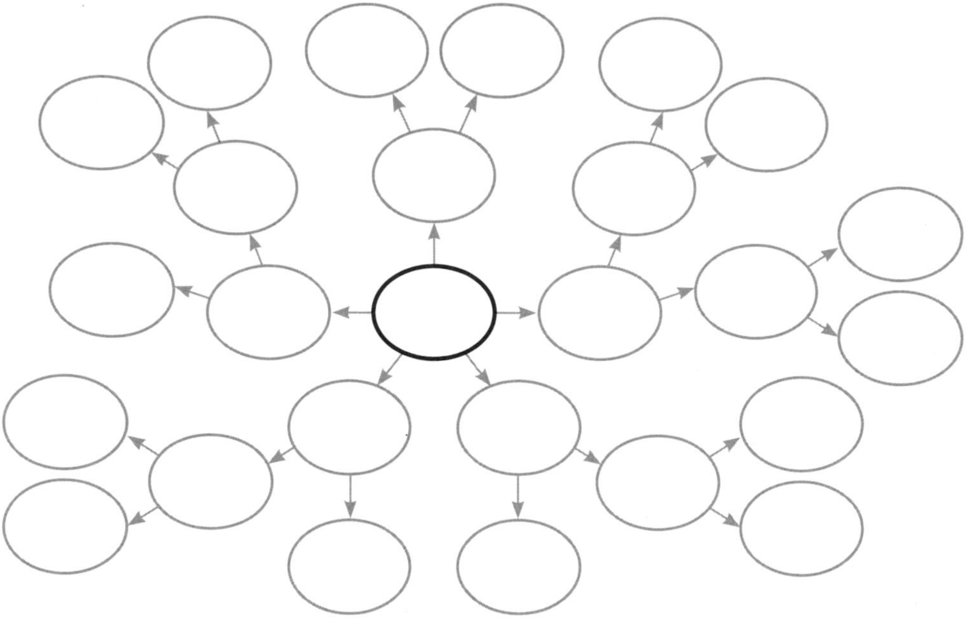

致 想自信地開始做自己的你

「成功的人會從未來判斷，來決定當前的行動。」——神田倉典

回想起二十歲出頭時，自己下定決心去印度背包旅行的時候。當時做的第一件事就是，確定三個月後的出國日期，並訂購不能退款的最便宜機票。出國和回國日期都確定好了之後，所有問題皆迎刃而解。

規劃兩個月的行程，半個月前申請簽證，並打了預防針。

「我想去印度旅行。」

一想到「自己連英語都說不好，也不曾獨自在韓國國內旅行過」時，就列出了數千個去不了印度的理由。但為了不想因為這些藉口，使旅行的計劃往後拖延，於是就先購買好機票。

當目標明確時，就是讓自己有了工作動力的最好理由！

（事實上，自己看到的不是到達印度後的幸福畫面，而是若那天不出境的話，當時打工所賺的一百多萬韓元就會不翼而飛。這是經過十五年後的自白。）

×××

權教練：你今天的感覺怎麼樣？

秀靜：　感到舒服和平靜。

權教練：當秀靜說舒服時，我的心情也感覺變舒服了。會用什麼顏色來表達自己最近的心情呢？

秀靜：　想起淡綠色，不知道是不是因為最近看很多山，所以變得很平靜，但是不像草綠色那麼深的色感。

權教練：為了讓你今日舒服的心情繼續保持下去，想談談什麼呢？

秀靜：想帶著自信心開始做自己喜歡做的事。

權教練：所謂的自信心，你覺得它的意義為何呢？

秀靜：自信心是指確信。

權教練：要怎麼做才能擁有自信心呢？

秀靜：對自己瞭解得越多，就會越有自信？

權教練：當我有需要的物品時，先看看每個品牌有什麼優缺點。即使是同樣的產品，隨著品牌的不同，主推的特色也會不同，秀靜你覺得怎麼樣呢？

秀靜：我也頗有同感，當我有需要的時候，我會在網上搜尋評論，也會問他人。然後，購買適合自己的物品。

權教練：跟我差不多啊！買一件東西時，會仔細瞭解後再購入，人不是都是如此嗎？

秀靜：是的！

權教練：現在做什麼才能對自己有信心呢？

秀靜：必須瞭解自己。

權教練：那麼現在先來瞭解一下秀靜吧？你是個什麼樣的人呢？

秀靜：我嗎？我是個具有像飛蛾般特質的人。一旦瞄準某個事物時，會先觀察一下，再往前飛奔過去！也是一個結果導向主義者，一旦瞄準的話，就會看不見四周。

權教練：哇！瞄準一個目標時，就看不見四周了。這真的很帥啊！能分享一下瞄準某個事物的經驗嗎？

秀靜：我喜歡撰寫文章，三年前在一個偶然的機會下，開始提筆撰稿，很有趣！

權教練：撰寫文章是一件很好的事情啊！在撰稿的過程中，發生了哪些變化呢？

秀靜：已簽訂合約的書籍已有十六本左右，目前出版的書籍有七本。從事作家的工作，有人看到書找我講課，所以也擔任教育講師。

權教練：哎呀，太厲害了！我光考慮寫一本書，就要想很久，你三年竟然寫了七本書，真的很厲害！你的動力源自何處呢？

秀靜：嗯，在撰寫文章的過程中，真的覺得很有趣！就一直寫，就獲得了像現在這樣的成果，並沒有特別費力。當然有時也會感到疲憊，但寫文章的喜悅大過於負面情緒，所以能持之以恆。

權教練：真的很羨慕！很厲害啊！像飛蛾般衝動的秀靜，說自己想帶著自信心做自己喜歡的事，那麼真的很好奇想開始什麼類型的新工作呢？

秀靜：我現在想當一名書籍撰稿顧問。

權教練：書籍撰稿顧問，很好啊！能分享一下讓自己產生這種想法的契機嗎？

秀靜：自己在撰稿的過程中，不僅可以釐清自己的思緒，也能增添一些自信心。現在因為疫情很嚴重，不能自由外出，所以大家都承受很大的壓力，因此想將撰稿的喜悅分享給他人！

此外，因為我一連出版了好幾本書，所以熟人也拜託我告訴他們是如何寫書的。

與其每次諮詢時依想起的內容告訴對方，不如組成課程告訴對方，更能提高效率，所以想嘗試看看。

權教練：為了成為一名書籍撰稿顧問，你做了哪些努力？

秀靜：我三年前也曾向老師學過如何撰寫書籍。當我想成為一名書籍撰稿顧問時，因為和老師是同行，覺得應該先知會老師一聲，於是就先告訴他了！

權教練：告訴老師之後，老師說了什麼了嗎？

秀靜：還沒得到任何回覆，感到有些苦惱！

權教練：老師不回覆你，這會讓你苦惱嗎？

秀靜：有點擔心老師可能不太喜歡我做同行的工作。

權教練：如果老師不喜歡的話，在工作上會發生什麼問題嗎？

秀靜：這很難說，也許什麼事情都不會發生，只是心情會變得很沉重。
權教練：因為什麼而心情沉重呢？
秀靜：嗯，我似乎渴望與所有人都和睦相處。
權教練：那麼老師不給答覆或要求你不要做的話，你會不做這份工作嗎？
秀靜：當然還是會做，既然開始做，就希望得到老師的鼓勵。
權教練：你覺得老師因為什麼因素沒回答呢？
秀靜：他原本就個是大忙人，所以有可能因為這樣，也有可能是其他因素。
權教練：你為了得到答案，曾經做了哪些嘗試？
秀靜：沒有，我只是在等待。
權教練：只是等待的原因是什麼呢？
秀靜：怕被拒絕？怕關係破裂？我不太清楚。
權教練：那麼你可以做哪些嘗試呢？
秀靜：再試著聯絡看看。

權教練：很好啊！你怎麼會有想要再聯絡的想法呢？

秀靜：現在説著説著，就覺得不能一直這樣等下去了，要開始工作了！

權教練：你打算什麼時候跟老師聯絡呢？

秀靜：今天再試著聯絡看看！

權教練：很好！該以什麼樣的心情和老師聯絡呢？

秀靜：不要猜測老師在想什麼，也不要害怕，冷靜地問一下他的想法？不管説什麼話，到時候再來想就可以了。

權教練：很好！如果你需要我的幫助，就請告訴我吧，我會為你加油的！

權教練：秀靜為了成為一名書籍撰稿顧問，還做了哪些嘗試呢？

秀靜：找一些書籍撰稿顧問所寫的書來閱讀，也上了一些線上課程。

權教練：你為什麼這麼做？

秀靜：參考別人的工作方法，有助於自己掌握開始的訣竅。

權教練：可能有幫助，你還可以做其他的嘗試嗎？

秀靜：若想成為一名書籍撰稿顧問，就必須跟他人收學費，但總覺得很難跟別人開口說要收費。

權教練：能再具體說明一下嗎？

秀靜：當有人問我：「你不是說因為有趣才寫書的嗎？如果你想告訴他人寫作的樂趣，為什麼還要收錢呢？」關於這個問題，我會不知道該怎麼回答？

權教練：可以請你再說一遍，你想成為一名書籍撰稿顧問的原因嗎？

秀靜：我想從自己提筆撰寫書籍的領域擴展至幫助他人寫作。最終目標是設立媽媽夢想學校，為媽媽們加油。想要達成這個目標，需要資金。

權教練：哇，太棒了！書籍撰稿顧問不是終點，而是中途停靠站，你如果這麼說的話，人們會有什麼樣的反應呢？

秀靜：可能會說：「不太清楚你說的目標是什麼，但相信你一定可以做得到的，會為你加油的！」

權教練：沒錯，剛才秀靜說話時，我從你那鏗鏘有力的聲音中感受到確信。
權教練：你還想做哪些嘗試呢？
秀靜：現在不想再參考別人製作的課程了，想趕快設計自己的課程並開設。
權教練：有什麼方法可以讓很多人知道你所製作的課程呢？
秀靜：對啊，還沒有可以公開宣佈課程消息的地方，寫部落格或Instagram似乎是個不錯的選擇。
權教練：什麼時候開始好呢？
秀靜：課程製作完成後，我想就應該可以立即開始了。
權教練：課程什麼時候才能完成呢？
秀靜：大概的內容已經想好了，這個星期應該就可以完成了。
權教練：我也期待這門課程的開設，我想成為作家的一號學生。
秀靜：啊，真的嗎？
權教練：是的，我也很想寫一本書，請多多關照！

秀靜：　也要請教練多多關照！

權教練：就要結束今日的輔導課程了，你還有什麼問題要問的嗎？

秀靜：　我只因為杞人憂天，而遲遲不能開始。現在我覺得只要集中精神在自己想做的事情，就可以做得好了。我清楚地意識到，書籍撰稿顧問並非最終目標，而是想透過此過程籌備媽媽夢想學校的創立經費，以幫助媽媽們找到夢想，真的很感謝！

權教練：聽到秀靜的願景時，內心激動不已，也很期待，謝謝你！

×××

去年六月偶然被一本書名吸引而閱讀了，書名為《希望當媽媽的你成為一位作家》的書籍。

「嗯？這是我的願望？」

我是一位媽媽，想成為一名作家的想法已超過十多年了，但這正是我夢想中的書名，覺得如果讀這本書，就會有可能成為一名作家。一口氣讀完了這本書，並在部落格上留下了書評。

我上傳書評的第二天，暱稱為「嗚哇」的人在書評下方留言了。

「讀者，你好！我是作者白美貞。帶著擔心你讀完後感到失望的心情，將你的書評看完，謝謝你留下一個充滿真誠和夢想的書評，雙手合十地祈禱準作家能和文字一起變幸福。」

以為不會有人看，所以覺得很丟臉。沒想到作者卻稱呼一個只有想當作家，卻還未寫過一本書籍的我為準作家！起初是「噗哧」地笑了起來，之後就浮現了苦澀的感覺。

心想：「自己總有一天也會撰寫一本書。」卻只是想而遲遲未動筆，也安慰自己有這種想法的自己很難能可貴。但其實我比任何人都清楚，我的夢想可能就此隨風而逝。

就在一個月後的某一天，我接到一通電話，說我在現在居住的城市所舉辦的青年競賽中贏得第二名。高中畢業以後關於得獎的記憶都是模糊不清的，這次竟然得獎了。

我是真的很用心寫文章，但沒想到竟然可以奪得第二名，真的有點難以置信。

「我是第二名嗎？真的嗎？要我參加頒獎典禮嗎？」

哇！第二名？頒獎典禮？掛斷電話後，突然想起了稱我為準作家的白作家。趕緊進入部落格，按下書評下方暱稱為「嗚哇」的留言，於七月十六日下午三點九分留下了這樣的留言：「作家，我想徵求你的意見，能用什麼方法與你聯絡呢？」

過了二分鐘後，三點十一分就回覆我了，「你好！＊＊＊、＊＊＊、＊＊＊這是我的電話號碼，現在可以用電話跟我聯絡哦！」

不假思索地按下了電話號碼。

「喂？」

「作家你好，我是剛剛在部落格上詢問聯絡方式的人，敝姓權，名叫世演。」

「是的，你好！」

「作家現在方便跟你通電話嗎？」

「可以，請說！」

和比世上任何陽光都溫暖的作家，進行了第一次的對話了。就像是被某事迷惑住似的，不像與這個世界的人通電話般，更像是被希望之光照耀著困在山洞裡的我。

從這通電話之後，我們互相彌補不足，迅速變得很親近，締結了堅定的關係。我們互相扶持，我透過自己所能做的輔導，幫助她更靠近夢想，她則跟我分享自己的寫作天賦，讓我更靠近夢想。

八月底對她進行夢想相關主題的輔導，在寫作方面貢獻了一些天賦的她，在十月初擁有了第一個支付學費的學生，擁有了書籍撰稿顧問的頭銜。她的老師也熱情地，為她踏出書籍撰稿顧問第一步加油（遲遲沒有給她回信，只因為太忙了！）

當她擁有第一個學生時，我們彼此握住各自的電話筒，發出十分興奮的聲音。在那之後的幾個月，我完成了書稿撰寫，並寄給了出版社。像做夢一般，收到了多家出版社的合作提案。投稿第三天後，決定了要合作的出版社，並於二〇二一年一月底簽訂了出版合約。簽約的出版社，就是像命運般將她和我連結在一起的《希望當媽媽的你成為一位作家》一書的出版社。不知怎麼會有這麼奇妙的緣分，就像是事先串通好似的。簽訂合約的那天，我和她的內心都激動不已。

就好像我是她的第一位顧客般興奮得近乎瘋狂，她也為我簽訂出版合約消息回以熱烈的掌聲，我們知道彼此多麼渴望這份工作，並竭盡全力互相幫助。

當時對我們而言，還沒有可以依靠的人，只有我們兩個人彼此能互相幫忙，為了不讓彼此的夢想消失而加油！

與當時不同的是，現在她和我身邊為我們的夢想應援的人日益增多。方法很簡單，就是她和我都會不斷地告訴他人我們的夢想。她以「媽媽作家製造商」的暱稱開始工作的三個月後，已培育出了四位準作家，並和出版社簽訂合約，引領著擁有作家夢想的媽媽們往前邁進，能獲得如此碩果，真令人瞠目結舌。我向她伸出求助的手時，她立刻握住我，如果她沒有握住我的手，彼此沒有坦誠地敘述自己的夢想，這些事情有可能發生嗎？無論我怎麼想，這些都是不可能發生的。

在《煉金術士》一書中，我讀過這樣的文字：「當你渴望某件物品時，整個宇宙都會幫助你實現願望。」截至今日我仍未能一睹她的真面目，雖然沒有實際見面，彼此都能夠遇到強烈支持對方夢想的夥伴，真的覺得是整個宇宙都在幫助我們。

還曾有過一個古怪的想法：「如此熱烈地幫助我實現夢想的『白美貞』作家，真的存在嗎？真的是這個世界上實際存在的人物嗎？」實際存在的人物怎麼能那麼無私地、無止盡地為我加油呢？甚至於有時候我懷疑自己是不是被什麼給蠱惑了。

她說自己有三個兒子，住在慶尚北道永州，真的是一個實際存在的人物嗎？當然，我們最好見個面，即使不見面，我也感覺她也已經離我很近了。因此，心情不急躁，感到很舒適。而且她在與我聯絡的幾個月內又出版了兩本書，作為她真實存在的證據。

我想讓全世界知道，我非常感謝她曾不斷地給我鼓勵和建議，誠摯地感謝她和祝福她。

思考一下

如果只想到山脈、河流和城市，世界是空虛的。然而，當我們知道有某個人即使距離遙遠，但思考和感覺卻和我們一樣時，地球將變成一個有人居住的花園。

— 約翰・沃夫岡・馮・歌德（Johann Wolfgang von Goethe）

◆ 你也有一個夢想嗎？

◆ 誰為你的夢想應援？

◆現在具體想像一下你夢想成真的畫面。

◆ 然你穿著什麼類型的衣服，在哪裡用什麼樣的心情，和誰在交談什麼樣的內容呢？

◆ 為了夢想，開始準備出發了嗎？

◆ 請為夢想奔跑的自己說一句鼓勵的話吧！

致　想要開始設定目標的你

無法回到過去，改變開始。
但從現在開始，可以改變未來的結果。

——C・S・路易斯（C. S. Lewis）

×××

權教練：今天你的心情如何呢？
美萱：憂心忡忡的，感到茫然不知所措。
權教練：能告訴我你是因為什麼事情而這樣的嗎？
美萱：我不知道自己擅長什麼，也不知道如何為未來做好準備。
權教練：原來是這樣啊，我也曾有過那種感覺的時候，對美萱的話十分認同。

美萱認為為未來做好準備，最好先做哪些事情呢？

美萱：嗯，這很難說。一旦設好定目標，就擬訂計劃，依照計劃執行，就可以吧。

權教練：設定目標將會為美萱的生活，帶來什麼樣的變化呢？

美萱：設定好目標時，就會有想要做的事情，只要鍥而不捨，努力不懈，最終就會達成目標的，內心也會感到很踏實。

權教練：現在有想要設定的目標，想做的事情嗎？

美萱：沒有，沒什麼特別想做的。

權教練：你以前有設定過目標，完成某件事情的經驗嗎？

美萱：以前讀書的時候，為了考試，而擬訂了學習計劃？這也算是目標嗎？

權教練：那當然啊！為了考試而擬定計劃，依階段學習，就是依照目標實踐計劃啊。

準備考試時設定目標與否，會導致哪些不同的結果嗎？

美萱：在開始讀書之前，我會不知道該做什麼，很茫然。如果先擬定計劃再讀書時，我會知道什麼是我不瞭解的，所以可以規劃時間，不會臨時抱佛腳，也可以充分享受讀書的時光。

權教練：像現在這樣完全不知道為了未來要做什麼的時候，該怎麼辦呢？

美萱：首先整理一下現在要做的事情，今天睡覺前提前寫下明天要做的事情，即使沒什麼特別要做的事情，也要做點事。

權教練：如果要你現在寫下你明天要做的事情，會想寫些什麼內容呢？

美萱：想寫下以下這些內容—早上洗衣服，閱讀書籍一頁，空腹喝下一杯水，運動十分鐘。呵呵…會太細節嗎？

權教練：怎麼會是細微的事情呢！所謂滴水成河，涓涓細流匯集成江，江水匯集成大海。

美萱的一天匯集起來，即可以成為一個星期、一個月、一季、一年、五年、十年。再成為浩瀚的一生？你覺得怎麼樣？

美萱：沒錯，似乎如此。

權教練：明天你擬定好計劃後，會產生什麼樣的感覺？

美萱：因為事情太瑣碎了，所以會覺得很好笑！每天的生活雖然都一成不變，但長期以來都是像這樣，試著以決定做某些事情來開始一天的新生活，覺得這麼做很有趣。

權教練：美萱說會很有趣，我也很開心。你說目標很小，似乎很好笑，但你為何要為未來做準備並設定目標呢？

美萱：應該是希望不會為未來感到憂心，追求穩定，迎接幸福。

權教練：目標小的話，會不那麼幸福嗎？

美萱：似乎不是那樣的，不斷累積小確幸的話，似乎也會感到幸福的。

權教練：有什麼方法可以讓美萱不斷獲得小確幸呢？

美萱：當完成小計劃時，我會稱讚自己，也會告訴自己即使一、兩天做不好，也不要感到氣餒，再次執行就可以了。並為了讓自己可以長期執行下去，稍微調整一下自己的想法，似乎會更好。

權教練：從長期的角度來看，可以做哪些嘗試呢？

美萱：覺得最好擁有瞭解自己的時間。

權教練：為了瞭解美萱，可以做哪些嘗試呢？

美萱：似乎做像 MBTI 之類的職業性格測驗會比較好。

權教練：有什麼理由讓你考慮做性格測驗呢？

美萱：如果試著做那樣的測驗，似乎可以認識到未曾察覺到的自我，獲得一些啟示，也有助於目標的設定。

權教練：真好，什麼時候可以做測驗呢？

美萱：今天輔導結束後，立即試著找找看。

權教練：還有什麼可以嘗試的嗎？

美萱：我想剛剛談的內容，已經足夠了。

權教練：美萱今天為了準備未來而想設定目標，透過今日的對話過程，有瞭解到什麼樣新的內容或想知道的事情嗎？

美萱：我一直以為目標是大而華麗的，所以從沒有想過要設定目標，也不曾做過，但現在覺得應該從細微的事情開始著手。

權教練：從細微的事情開始做起時，會帶來什麼樣的變化呢？

美萱：雖然只寫了閱讀一頁，但一直持之以恆地閱讀下去，似乎就會對後面的內容感到好奇，就會一直讀下去，最後就可以讀完一整本書。雖說運動也是只有十分鐘，但是一直持之以恆地做下去，就會想要再多做一次。如果養成習慣後，就會想設定一個星期閱讀一本書、一個月減重三公斤等目標。做完職業性向測驗後，如果有建議我從事什麼樣的行業，就會想依據那個建議繼續學習。

權教練：哇！原本說沒有目標，現在一次就設定好那麼多目標，是不是對自己太嚴格了些呢？

美萱：哈哈，是啊！

權教練：一個月後當美萱持之以恆地完成今日所說的內容時，會產生什麼樣的感覺呢？

美萱：一個月後，我似乎能找到自己想要做的事情，可能吧？那麼到時再為了那個想完成的目標，具體規劃一下細項事情，那麼似乎就會有悸動的感覺吧！

權教練：是的，我也想一個月後懷著悸動的心情和美萱見面。那麼要結束今日的談話了，還有什麼想說的話或想知道的事情嗎？

美萱：沒有了，足夠了，謝謝！

權教練：我也很感謝！

×××

「媽媽，再過四天，這本題庫就可以做完了。」

「哇，這麼快？已經又做完一本了嗎？」

小敏已經上小學一年級了，每天為她訂好要完成的題庫頁數。小敏做完的題庫已超過十本了，每當小敏快做完問一本題庫時，我就會把另外一本新題庫偷偷擺放在旁邊。然後翻一下新題庫，評估一下每天要做多少頁。再讓小敏在日曆上，以圓圈標示預計完成的日期。每天做完的時候，在日曆上做標示，讓小敏可以一目了然地知道，離完成日期還有多少天。

每本題庫都有訂好一天要做的頁數，所以我就沒有再擬定另外的計劃，她大約一個月可以完成一本。如果告訴小敏要做一本題庫，她會說「不要，不要」，很強烈地反抗，如果說每天做兩頁，她就會慢慢地做完。做完一本題庫時，爸爸、媽媽和妹妹就會為她舉辦餅乾慶祝會，大家會稱讚她，讓她成為主角。那麼在旁邊的小媛也會吵著：「我也要做題庫。」以餅乾和稱讚為目標的小媛，也順利地設定了「做題庫」的計劃。

思考一下

目標明確的人，即使走在最崎嶇的道路上，也會繼續向前邁進，
沒有目標的人，即使走在最平坦的道路上，也無法前進。

—— 湯瑪斯．卡萊爾（Tomas Carlyle）

◆ 我想達成的小目標是什麼呢？

◆ 要何時完成，請具體地標示出時間和次數。

◆當你達成時，最想從誰那裡聽到祝福的話語呢？

◆ 達成時，周圍的人祝賀你，問你的感想，你會怎麼回答呢？

致 想追求斜槓人生的你

首爾市和婦女能力開發中心，以在首爾就業或居住的一二四七名，年紀二〇~五十九歲女性為對象，進行了職場生活問卷調查。其調查結果於二〇二一年二月三日由韓聯社刊登出來，認為自己是「斜槓工作者」的人共有六九〇位，佔了百分之五五・三。

其中百分之四三・二的人因為「一份工作不足以應付生活費」、「很難找到收入穩定的工作」、「想做的工作收入不穩定」等因素，而擁有好幾份工作，屬於「生計型多職工作者」。另外百分之三二・一的人是為了籌措生活費以外的閒置資金。兩者相加共有百分之七五・三的人，是因為經濟因素而擁有多種職業。百分之二四・七的人認為「可以在自己任何想要的時間裡工作」，屬於自我實現型。各年齡層的理由呈現出些微的差異性，二〇歲年齡層的斜槓工作者中，以籌措閒置資金為理由的人最多，佔百分之三七．九，三、四〇歲的人以自我實現為理由的人最多，佔百分之三二．八，五〇歲年齡層的人以生計型最多，佔百分之五一．三。

我是正在養育孩子的媽媽；
正在讀研究所的學生；
正在公司上班的上班族；
正在寫作的作家；
正在提供輔導的教練；
嗯？我也是個斜槓工作者呢！

×××

權教練：你最近的心情怎麼樣？

惠貞：最近很累，最想做的事就是睡覺，也容易感到焦躁不安。

權教練：各種情緒同時蜂擁而出，應該感覺到很疲憊吧！我能問一下是什麼事情讓惠貞感到焦慮和難受呢？

惠貞：我想繼續做目前的工作，同時也做其他工作，但不知道該如何著手？找不到往前邁進的動力。

權教練：這種時候真的很無力吧！希望今天能一起找回你的動力。

權教練：你能用一句話來概括要和我分享的對話主題嗎？

惠貞：我想以自己所擁有的才能，再多做一份工作，獲得額外的收入，這麼做可行嗎？

權教練：很好！惠貞所說的透過工作，獲得經濟上的收入是什麼意思？

惠貞：獲得經濟上的收入，是指透過工作獲得金錢上的收入，還可以獲得成就感。只要工作，就能看到成果，所以對所做的事情也會產生滿足感和自信心。

權教練：哇！從工作中可以獲得動機、成就感、滿足感、自信心、經濟上的收入等，優點真多啊！惠貞剛剛說想在工作之餘，從事其他工作，能請教一下你現在從事什麼樣的工作嗎？

惠貞：我會到孩子們的家，進行學習方面的指導。

權教練：怪不得！聲音聽起來很穩重，我還以為是主播呢。

惠貞：哈哈，是嗎？謝謝！

權教練：是什麼樣的契機促使你想在工作之餘，想再從事一件新的工作呢？

惠貞：因為疫情的關係，學生和自己都必須小心翼翼的，所以很憂慮。而且我正在養育兩個孩子，身邊也沒有人幫忙我照顧小孩，所以要這樣直接造訪他人的家庭工作，需要花費很多時間，體力上也很吃力，不知道能做到什麼時候，覺得很煩惱！

權教練：應該是吧！惠貞有什麼想做的新工作嗎？

惠貞：還沒做好決定。

權教練：惠貞說想以自己擁有的才能來找工作，可以分享一下，惠貞過去曾用自己的才能幫助過他人的經驗嗎？

惠貞：兩年前，曾教導網路上的地方媽媽聊天室裡的成員製作小蛋糕，貢獻自己的手藝。

權教練：哇！太厲害了，我也很感興趣，本來想去上課，但學費很貴。怎麼會想到要教這些媽媽呢？

惠貞：我偶爾會在聊天室裡寫文章，所以有時會有人詢問，但因為都是同社區的人，不好意思收費，所以只收材料費，並教導他們如何製作。

權教練：那個社區的人運氣真好，好羨慕啊！我也想和惠貞住在同一社區裡。

惠貞：如果搬過來，就會教你做，歡迎搬過來！

權教練：真的嗎？哈哈！然而，你說這是兩年前的事，為什麼現在不做呢？

惠貞：起初我是很單純的熱心去分享，但有些人覺得這麼做不好。我看到「如果真的是免費教學，請公開材料費收據。」「自己做可以更便宜點，自己上網學吧！」等留言，這些內容真的是超乎自己的想像。起初還公開了收據，盡自己所能做了該做的事情。然而，我只是貢獻自己的能力而已，覺得這些不是我該做的事情，於是就停掉了。

權教練：你一定很驚慌失措吧！這世界真的是什麼的人都有。如果現在回到兩年前，有什麼話想對當時的惠貞說呢？

惠貞：當時是好意為出發點的，看到那樣的留言應該感到驚慌失措吧？但感謝你的人比對你說負面話的人還多，知道嗎？不要在意那些人，只要做你想做的事，就夠了。加油！

權教練：沒錯，應該有更多感謝惠貞的人吧！我光聽都覺得很羡慕，但是你不做甜點的生意，而是免費教大家做甜點，理由為何？

惠貞：那時候我不知道怎麼做生意，想先體驗一下。但看到負面的留言後，就倉促地停掉了。

權教練：怎樣才能確保生意不敷衍了事，順利地進行呢？

惠貞：那時候我好像沒有「要把那工作生意化」的明確目標和信心。但現在我帶著必須再做一件事的確信想法，對於那樣的話語不一一回應，而是訂好自己要做的事情，將它做好即可。

權教練：「只要訂好要做的事情，將它做好就行。」這句話是非常貼切的表達，我也要學起來。現在有已經訂好要做的事情嗎？

惠貞：想要做的事情，就是做最近很夯的 YouTube 頻道。

權教練：什麼樣的契機促使你想到 Youtube 頻道呢？

惠貞：我有在寫部落格，覺得留下記錄很有趣，雖然所獲得的利潤不大，但是自己也因此產生了活力和興趣。Youtube 也可以留下記錄，不受時間的侷限，所以我應該也可以做得到。

權教練：為了開設 Youtube 頻道，你做了哪些嘗試了？

惠貞：只是覺得應該做那個而已。

權教練：那當然啊！事實上，最難做的決定就是決定做什麼生意，你好像翻越了最高的山。現在得翻山越嶺了，最先做哪些事情好呢？

惠貞：首先得決定要做什麼樣的內容？

權教練：有沒有已經想好的內容呢？

惠貞：以孩子們為對象，經營兒童料理教室之類的頻道，應該會很有趣。

權教練：促使你經營兒童料理教室的契機為何？

惠貞：孩子們喜歡看 Youtube，但媽媽們不喜歡孩子們看著毫無意義的節目，於是想到了這個折中方案。媽媽準備好食材，孩子們一邊看 YouTube，一邊試著做料理，媽媽和孩子都能滿意。

權教練：想法很好啊！我們家小孩也喜歡做料理。那麼現在該做哪些事情呢？

惠貞：我想應該要學習影片剪輯。

權教練：你有沒有想過要如何學習剪輯呢？

惠貞：最近 Youtube 上有很多可以學習的影片，可以邊看邊學習，應該就可以了。

權教練：你打算從什麼時候開始呢？

惠貞：我想明天就可以開始做了。

權教練：執行力真的很強，明天什麼時候開始做呢？

惠貞：哄孩子們睡覺以後，每晚十點以後都可以學習。

權教練：晚上十點！你真的很有熱誠啊！那麼預計花多長時間學習影片剪輯呢？

惠貞：我還沒開始，所以不知道詳細的狀況，想嘗試兩個星期看看。

權教練：兩個星期後惠貞會是什麼樣子呢？

惠貞：　嘗試上傳第一個影片，而觀看最多次的應該就是自己，獨自歡喜。

權教練：惠貞經營的 Youtube，我也會按下訂閱和喜歡！請一定告訴我連結網址。開始是成功的一半，為了你能擁有好的成果而加油！

權教練：在準備開始當專業的網紅時，最讓你費心思的部份是什麼呢？

惠貞：　上傳影片之後，就會對不認識的多數人公開，得傾聽他人所說的每一句話，想在不承受過大的壓力下把它做好。所以覺得要慎重地、竭盡全力認真製作。

權教練：惠貞精心製作的內容會是什麼樣呢，真的很期待！今日的輔導也要結束了，還有想知道的內容或要分享的話語嗎？

惠貞：「你必須這樣做！一定要做做看！」這樣的想法已經好幾個月了。今日知道該帶著什麼樣的心情開始做 Youtube，所以心情很好。而且終於了解到自己的隱憂，似乎也產生想要好好面對的勇氣，謝謝！

權教練：惠貞說已經產生了可以好好面對的勇氣，我也很感謝！

惠貞：　教練，我開設好 Youtube 之後，一定會跟你聯絡的。今天真的非常感謝你！

✕✕✕

「當我做節目時，從未有過『有信心』的想法，是以『不管結果如何，將會承擔一切責任』的想法盡力而為。」

以上是劉在錫的得獎感言，劉在錫在二〇二〇年的〈玩什麼好呢？〉綜藝節目裡，以 Trot 歌手劉三絲　開端，扮演 U-doragon、知美劉）、劉ＤＪ、Pump this party 等多重角色，以該節目獲得第十五屆演藝大賞時，並說了這段感言。

本業為諧星的劉在錫消化了 Trot 歌手、廣播ＤＪ、炸雞店老闆、拉麵店老

闆等多重角色。並且不斷展現對每個角色負責的姿態，與觀眾溝通、引起共鳴。角色扮演不僅僅在電視上輕鬆可見，在一般人生活當中也一樣。與「角色」這個詞相似，最近在韓國有個「N個工作者」（N 잡러）的新造詞。

「N個工作者」，是由英文中意味著兩個或兩個以上的「N」，意味著工作的「JOB」和意味著人的「er」組合成的新造詞，是指「擁有多種職業的人」。與帶給觀眾們歡笑的藝人不同，一般人追求不同角色的理由，大多是為了籌措資金、實現自我、生活等等。

即使有各式各樣的理由，只要以「不管結果如何，都要承擔責任」的心態，不自滿於現在的工作，勇於挑戰新事物的話，我認為不久之後他們就能達到自己想要的目標。

思考一下

當我看到大理石時，也看到了天使，在把天使的手放開之前，一直不斷地雕刻。

— 米開朗基羅

◆ 你是屬於一次只專注於一件事情的類型呢？

....

◆ 還是屬於同時兼顧各種事情的類型呢？

....

◆ 如果有充分的理由那樣做，那個理由是什麼呢？

....

◆ 請寫下三件自己喜歡的事情，三件擅長的事情。

....

◆ 上面寫的事情當中，哪些是可以立即開始的？

....

教練隨筆

喜歡的歌曲「夢幻之中（Nella Fantasia）」

戴著耳機聽歌，
出現了平日喜歡的歌曲，
問了在旁邊上線上課程的小敏。

「小敏啊，這首歌很好聽吧！」
孩子帶著完全沒有共鳴的表情說：「我不太清楚。」
對於感受和我不同的孩子感到失望，心想：「對嘛！對於只是個孩子的你，
不應該帶有任何期待！」我帶著平靜的表情說：「是哦～媽媽非常喜歡這首歌，

所以問小敏有什麼樣的感受？」

孩子以疑問的表情回答：「不是那樣的，媽媽自己戴著耳機聽音樂，卻問我好不好聽？我不知道該怎麼回答？」

「喔，原來如此！原來是媽媽一個人在聽歌啊，要一起聽嗎？」

我太陶醉在歌曲裡了，忘記自己用耳機聽歌。我急忙拔掉筆記型電腦上的耳機，用音響一起聽。

孩子才露出燦爛的笑容回答：「媽媽，這首歌真好聽。」孩子的感受和我一致，我的心情也就變好了。

聽了半天歌的孩子說：「媽媽！我還有喜歡的歌曲，等一下一起聽吧？」我想用這樣的好心情繼續聽歌，也很想知道孩子會推薦哪一首歌曲？

孩子在 Youtube 上搜索「安靜」，看著圖片，點擊畫面，挑出了一首歌，令我吃驚的是，這首歌是去年夏天早上吃早餐時，我經常聽的。

我覺得太神奇了，於是問她怎麼選這首歌，她無心地回答說：「這是媽媽常聽的歌曲，因為喜歡才經常聽吧？」並說自己只是做自己該做的事。

孩子和我聽了孩子挑選的「夢幻之中」，渡過了幸福的悠閒時光。

Nella Fantasia

（In My Fantasy 夢幻之中）

在我的夢幻中，看見正義的世界
在那裡，每個人都過著和平、誠實的生活
我夢想著靈魂永遠自由
就像飄浮在那處的雲朵
靈魂深處滿是人情味的地方

我的夢幻中看到一個光明的世界
那地方夜晚也不昏暗
我夢想著靈魂永遠自由
就像飄浮在那處的雲朵

在日常生活中，如果我不提出我的想法，其他人不會知道我在想什麼。我突然浮現這樣的想法，我並沒有告訴他人自己在生氣，也許還因為對方不知道自己的心情而生氣、難過。

從現在開始，我應該告訴你關於我的個人說明書，那麼我覺得我們可以一起去到另一個自己無法想像的夢幻之地。

如果對方沒有聽清楚我的話，那不是對方的錯，而是因為自己沒能清楚表達自己的意思。

「你所愛的人當中，也包括自己在內嗎？」

第四章

想要創造，幸福

致 想成為一個用心傾聽孩子的你

聽過「共鳴筒」這個單詞嗎？

共鳴筒主要是指弦樂器或打擊樂器中，發出響亮而清脆聲音的軀幹部分，這是把內部挖空，用振鈴孔做成的。那麼，如何讓人的身上發出清脆的聲音呢？在《傾聽》一書中，指出人的共鳴筒是心靈。即是放棄自我的成見、固執等，以虛心的態度傾聽對方的話語，尊重並理解對方。只有擁有謙虛的心，正確的心態，才能真正聽得到，才能看得見他人的聲音，才能開啟真實之口。

我的心靈是可以聽到美麗聲音的共鳴筒嗎？

×××

權教練：今天和我聊什麼話題好呢？

允熹：我是個職業婦女，時間總是不夠用，我想談談如何在照顧孩子和工作之間取得平衡。

權教練：能說得更具體一點嗎？

允熹：我想成為一個能體會孩子感情的媽媽。

權教練：可以具體地說明一下，你所提到的媽媽是指具有什麼樣意義的媽媽？

允熹：應該是一個會和孩子目光對視，用心傾聽孩子心聲的媽媽。

權教練：允熹是個擅長傾聽的媽媽嗎？

允熹：我嗎？孩子今年讀小學四年級，會不斷地聊遊戲或 Youtube 上看到的內容，連瑣碎的事情也會一一地問我，但我不想一一地回答。

權教練：孩子會問每件小事的理由是什麼呢？

允熹：對耶？我從沒想過，大概他想和我多聊天？

權教練：如果你問孩子，不能得到答案嗎？

允熹：哈哈，也對！

權教練：童年時期允熹的父母是屬於哪類型的父母，可以談談嗎？

允熹：我家是雙薪家庭，父母的工作很忙。我是三個姐妹當中最小的，大部分的事情都要自己做好。因為想得到父母的關心，所以很用功讀書。爸爸很忙，也很沉默寡言，和他幾乎沒有感情交流，和媽媽在廚房準備飯菜或幫她洗碗的時候，會聊很多。這些就是全部了，讀書時很多事情，我都要一個人獨自完成。但是我的孩子記得許多很久以前的事，總是跟我討論這些內容，個性也很固執，所以覺得很累。

權教練：你能告訴我，為孩子你付出了哪些努力嗎？

允熹：我很理性，一些很久之前的小事，我不會去記住，但我很努力去理解孩子。

權教練：你能說得更具體一點嗎？

允熹：我最近造訪過兒童諮詢中心兩次，未來的六個月也打算繼續去。

權教練：允熹說自己個職業婦女，很忙碌，但我能感受到你為孩子著想的心情，真的很用心！

允熹：謝謝！

權教練：以後還想做些什麼嘗試嗎？

允熹：我覺得應該對媽媽這個角色，更深入地學習。

權教練：哇！學習媽媽的角色，很棒啊！

允熹說察覺孩子的情緒變化，為了支持他們，與他們的目光對視、傾聽他們話語，就是個好媽媽。

你現在做的和承諾要努力的部份相比較之後，你覺得如何呢？

允熹：之前一直沒有認真的看著孩子的眼睛、聽他們說話。因此孩子也沒有認真的和我溝通，所以不太瞭解他們的內心想法。

權教練：你要怎麼做，才能進行更好的交談呢？

允熹：我不太清楚。教練，該如何做，才能和孩子有更好的溝通呢？

權教練：能分享一下我的意見嗎？

允熹：好的，我想聽。

權教練：就像允熹說過的那樣，努力與孩子對視，傾聽孩子內心的聲音！我想那就是溝通。你認為什麼時候和孩子談話，可以順利進行呢？

允熹：用餐時間或用餐結束，跟他說：「我們來聊一下吧！」等等，正式告訴他我們要交談，就可以開始了。

權教練：很好！如果明確地告訴他這是「對話時間」，才開始交談，會出現哪些與現在不同的變化呢？

允熹：當孩子和我目光對視時，就不會想什麼就說什麼，而是能試著想想看要在對話時間裡談些什麼內容，這似乎很好！我也不是在毫無防備的情況下，敷衍地聽他們說話，而是會用心去聆聽，更能集中注意力聽他們的說話內容。

權教練：用心去聆聽和聊天，很期待那會是什麼樣的一段時光。有什麼需要更加努力的地方嗎？

允熹：應該努力進行更多的肢體接觸。

權教練：有什麼理由促使你這麼想嗎？

允熹：我想起了當我抱著老二時，老大會帶著「也請那樣溫暖地擁抱我」的表情望著我，然後走過我身旁。雖然用語言交談很重要，但我覺得肢體接觸可以與孩子建立親密關係，這也很重要。

權教練：加強親密關係，真棒！還有什麼想說的嗎？

允熹：沒有了。

權教練：你的目標是希望成為一個瞭解孩子，並且成為他們堅強後盾的媽媽。你還記得你決定要實踐的事情嗎？

允熹：設定對話時間，集中注意力與孩子交談，努力與孩子們有更多的身體接觸。

權教練：可以從什麼時候開始呢？

允熹：今天已經太晚了，我想明天起床後，就可以馬上開始了。

權教練：還有話想要說嗎？或透過輔導有解決你的困擾嗎？

允熹：一直以來我以為自己經常和孩子聊天，然而，透過今天談話中，瞭解到孩子因為我不聽他說話，只要一出現說話的機會，就會想什麼就說什麼，毫無頭緒，我覺得那樣的說話方式很累。

現在我準備好要聆聽孩子們的說話內容，進行「真正的對話」，所以心情很好！我終於明白這段期間，老大為什麼老是用悲傷眼神望著我，要增加肢體接觸的機會，表達媽媽對他的愛。

權教練：我相信從明天開始，一定能和孩子愉快地交談。今天的輔導就這樣結束囉！

允熹：好的，謝謝！

×××

叩！叩！

「有什麼事嗎？」

「媽媽，你現在要吹乾頭髮後才出來嗎？還是要出來後再吹頭髮？」

剛洗完澡，頭髮上的水珠都還沒擦乾，也還沒塗抹乳液、穿衣服。不知道小敏為什麼非要現在問不可。

應該是孩子在我洗澡的時候，偷看 Youtube，似乎為了多看一下，就問我出來的時間點。

我只回答：「穿好衣服就出去。」匆匆忙忙地穿上了衣服。

叩！叩！

我用比剛才更生氣的聲音回答：「又怎麼了？」

「媽媽，你能不能把頭髮吹乾後，再出來？」

我確信孩子為了多看一下 Youtube，在耍小聰明。

「媽媽現在馬上就要出去了！不要再敲門了。」

為了逮到她犯罪的現場，趕緊訓斥她，於是下定決心趕緊出來。然而，電視是關著的！

小敏把雙手藏在後面，看著我露出燦爛的笑容。

我卻生氣地說：「小敏啊！你藏在後面的是什麼東西？趕快給我看！」

令人驚訝的是，小敏的手中，拿的不是遙控器，是飯匙。

「為什麼拿著飯匙？」

「媽媽，洗完澡出來時，我要給你看，我為你擺滿飯菜的餐桌。」當看到餐桌上真的擺放著飯、幾樣小菜、湯匙和筷子，我瞬間楞住了！

「你怎麼會想到要做這些呢？」

「媽媽洗完澡出來的時候，是肚子餓的時候，可是放在冰箱高處的小菜沒能拿出來。」

「那你為什麼一直問媽媽，是不是要吹乾頭髮再出來呢？」

「媽媽出來的時候，想把飯菜都放好在桌上，給你驚喜。」

真沒有想到孩子會給我這樣的驚喜，如果自己不假思索地對著孩子做了這樣的訓斥：

「你藏在後面的是遙控器吧？媽媽洗澡的時候你看了 Youtube 吧！在計算媽媽出來時間的時候，想再多看一下 Youtube 吧？你以為媽媽不知道吧！」

差點就要做出後悔的舉動。

思考一下

愛的首要義務，就是傾聽對方的心聲。

—保羅・田立克（Paul Johannes Tillich）

◆ 今天是你夢想成真的日子，你可以在最舒適的狀態下與你最愛的人交談，也可以任意挑選場所。

◆ 你想和誰做什麼樣的交談呢？

◆ 在你周邊聽到了什麼聲音呢？

◆ 你挑選的場所散發出什麼樣的味道？

◆ 現在閉上眼睛，感受一下自己的心情。

致 想把悲觀轉化成樂觀的你

卡爾．路易斯於一九八四年至一九九六年，在四屆奧運會共獲得九個金牌和一個銀牌，被世界田徑聯合會評為「二〇世紀最佳運動員」，在一次採訪中，他曾說過：「要一直奔跑，東西才不會被小偷偷走。」

他住在交通狀況非常惡劣的城市，甚至有交通地獄的別稱。所以他總是騎摩托車而不是汽車，但有一天小偷把他的摩托車給偷走了。之後他買了一輛腳踏車，最後也是被小偷給偷了。氣急敗壞的他乾脆以跑步代替任何一種交通工具，每天在十二公里長的路上奔跑，來回跑二十四公里。

×××

權教練：你最近的心情怎麼樣？

申慧：我這一年一事無成，歲月就在無目標、無成就的生活中逝去！

權教練：申慧的心情很沉重，我也覺得很沉重。如果用顏色來表達最近的心情的話，會用什麼顏色來表現呢？

申慧：我想起了灰色或紫色，事實上，很多顏色都無法代表我現在的感覺。

權教練：我能理解你現在的心情有多複雜，為了讓你現在的心情轉換成輕鬆的心情，我將竭盡全力，今天要談什麼話題好呢？

申慧：我迫切地想改變自己現在的心理狀況。我最近經常有消極的想法，經常埋怨：「為什麼沒發生在別人身上的事情，總是只發生在自己身上？」

權教練：你意識到自己迫切地想改變心理狀況時，就已經很棒了！我非常期待與申慧的談話，你會以哪一句話來概括今天的談話主題呢？

申慧：嗯，我想成為一個積極樂觀的人，我想這樣做。

權教練：很好啊！那今天我們就以想成為一個積極的人為主題，進行討論。中慧覺得積極思考的人是個怎麼樣的人呢？有想起哪位熟人嗎？

申慧：我的國中同學，我有個認識二十多年的國中同學，她即使處於任誰都覺得很困難的狀況中，都會說沒關係。常說：「不管怎麼樣，一切都會迎刃而解！」而且最後真的都順利度過。

不知道她是不是具有什麼樣的天賦異稟？她非常開朗、不裝模作樣，擁有積極樂觀的能量。和這個朋友見面時，總是讓人心情變得非常舒坦。

權教練：哇！真羨慕申慧有這個朋友。然而，如果你有一個交情如此長久的開朗朋友，申慧應該也是一個很開朗的人，你應該也擁有樂觀的性格吧？

申慧：嗯？我有樂觀性格的時候嗎？想不起來是什麼時候？現在回想起來，以前我的個性好像也滿樂觀的。

我國、高中就學期間，經常是全校前三名，當我進入大學就讀時，我遇到了很好的朋友和教授，度過愉快的求學時光。對成就的渴望很強烈，不論學什麼都帶著充沛的活力，一直很認真地生活。

權教練：你總是談著活力充沛的事情，現在從你的聲音中也感受到了這樣的活力，也從中獲得很大的力量。那麼你分享一下從什麼時候開始覺得，自己擁有很多悲觀的想法呢？

申慧：七年前我生下了第一個孩子，孩子發育有點遲緩。所以我在孩子滿週歲的時候，帶孩子去了一趟醫院，卻聽到不能用藥物或手術來治癒，當時感到非常驚慌失措，內心十分煎熬。

似乎是從我有這樣的想法：「這不是透過我的努力能改變的狀況，超出了自己能控制的範圍。」就開始擁有悲觀的想法。

權教練：那似乎是無法用語言表達的，既艱辛又徬徨無助的時期。即便如此，你還是這麼勇敢地跟我分享，真心感謝！之後，中慧是否曾試著克服自己艱熬的心情呢？

中慧：起初我依靠宗教信仰，一邊尋找「我們家的孩子來到我身邊的原因！」一邊認真地祈禱。

也會和娘家媽媽聊很多，從輕鬆的聊天到認真的討論，媽媽一直都很認真地聆聽，總是為我加油，真的給了我很大的力量。讓我就算到公司上班，也能集中注意力，埋頭苦幹。

權教練：凡事都竭盡全力的中慧真了不起！我想不斷地稱讚你。你能分享一下，這麼努力過生活，有出現什麼樣的變化嗎？

中慧：每當集中精神祈禱和工作時，雜念就會消失，感覺真的很好。如果和娘家媽媽聊天的話，無需特別的解釋，媽媽都比我更瞭解自己的狀況，不需要偽裝，可以很輕鬆自在。

權教練：那為了擁有積極樂觀的想法，是否嘗試過哪些努力呢？

申慧：孩子朋友的媽媽我一個都不認識，都是我媽幫我接送小孩，所以我自然沒有機會見到孩子朋友的媽媽。帶孩子去治療的時候，有時候必須在候診室裡等候，會遇見其他的父母們，但也沒有交流的機會。如果和孩子同齡朋友的媽媽聊聊天，似乎比較好。

權教練：促使你這麼想的契機是什麼呢？

申慧：如果有人能分享同齡孩子的教養心得，心情自然能放輕鬆一些。

權教練：沒錯！不管怎麼說，和養育著同齡孩子的媽媽們互動，應該會很有幫助。怎樣才能見到同齡孩子的媽媽們呢？

申慧：周末偶爾帶孩子去公園玩，如果遇到也是自己一個人帶孩子出來的媽媽，就主動跟她打個招呼？

權教練：那也是個不錯的方法。這麼做的話，會擔心嗎？

申慧：不管怎樣，即使我和媽媽們相處得再怎麼好，如果孩子不能和其它小朋友相處得好，就會發生不太愉快的情況，所以有點擔心。

權教練：那這樣要如何處理呢？

申慧：是啊，該怎麼處理呢？但是孩子現在上幼稚園也適應得很好，沒什麼太大問題，所以信任孩子，帶著觀望的態度，也是個不錯的方法。

權教練：哦！信任孩子，帶著觀望的態度，這真是一個很酷的想法，要什麼時候開始嘗試呢？

申慧：這個週末天氣不錯，想帶孩子出去走走。

權教練：我也會為你加油的！你還做了哪些嘗試呢？

申慧：想試著在媽媽聊天室上留下這樣的留言：「尋找同齡孩子朋友的媽媽們」，你覺得怎麼樣？

權教練：哦！這樣做會有什麼好處嗎？

申慧：事先寫好自己可以去公園的時段，群組裡的媽媽們可以依照方便的時段去公園，就不必盲目地等待。因為公園就在社區旁，離家裡很近，每次相約的時候應該也不會有太大的負擔。

權教練：很好！如果這樣做，會遇上什麼樣的困難呢？

申慧：不知道誰會出來？不知是幸還是不幸？

權教練：是啊！真的是不知是幸還是不幸，那該怎麼做好呢？

申慧：但還是要試一試，比較好吧！事情還沒發生，到時候再來煩惱。

權教練：申慧的執行力真的很強，還可以做哪些嘗試呢？

申慧：做指甲、頭髮或逛街購物的時候，可以擁有自己獨處的思考時間。

權教練：我也頗有同感，如果有自己思考的時間，再複雜的事情也可以釐清頭緒。你什麼時候才能擁有這樣的時間呢？

申慧：我媽媽在週間照顧小孩太辛苦了，這個週末要拜託先生照顧小孩，自己再外出。

權教練：是的，希望申慧也能擁有屬於自己的時間。

權教練：還有想嘗試的事情嗎？

申慧：哈哈，我光想就覺得好笑，但我還是想去算個命。過去不管我怎麼祈禱，都聽不見上帝的回覆，這時我就會去算命，算命師的話我卻聽得很清楚，心情就會變得很平靜，想說要不要再去一次？

權教練：哈哈！算命師的話卻聽得很清楚，這句話我頗有同感。申慧的心情如果能變得更平靜，不管任何事情，我都會為你加油的，你還有什麼想嘗試的嗎？

申慧：事實上，每當我回到家看到孩子時，會產生這樣的想法：「我再也回不到正常的生活了，無論我再怎麼努力，再也回不去了。」這時心情就會變得很沉重，關於這一部分，我覺得需要練習放下。

權教練：謝謝你勇敢地說出這麼難以啟口的家務事，能告訴我申慧所想像的平凡生活是什麼樣子的嗎？

申慧：全家人都很健康，只要我努力，就可以達到我想要的狀態吧！

權教練：要讓這樣的情況發生，我們應該怎麼做呢？

申慧：應該努力撥出更多的時間，和孩子聊天，用心擁抱孩子。

權教練：這麼做的話，會帶來什麼樣的變化呢？

申慧：我想和孩子之間的關係會比現在更緊密，我的心情也能放鬆下來。

權教練：申慧剛才說今天想以成為樂觀積極的人為談話主題，聊到現在，有新的感受嗎？

申慧：是的，我明白了自己經常如此悲觀的原因，總是想逃避問題的本質，所以不管做什麼，心裡都會覺得很沉重。從現在開始我下定決心不再逃避，有事情必須馬上面對。

權教練：謝謝你的珍貴分享！謝謝！

申慧：過去一直覺得思緒很沉重，但現在已釐清了，所以感覺變得輕鬆多了，

權教練：申慧說心情變得輕鬆，能幫助到你我也真心感謝！不久前我看過了『Enuma 李秀仁代表』影片，認為非常有啟發性，你可以參考看看。

當你有時間的時候，建議你再來一次！

中慧：　好的，我會再來的，謝謝！

×××

若是你從醫生那裡聽到「孩子在之後的成長過程中，在學習上會有障礙。」你會怎麼面對呢？

事實上，這是任何人都難以回答的問題。

有位媽媽聽完這些內容之後，親自開發出一個孩子專用的應用程式，在二十一個國家的蘋果應用商店，特殊教育類別排名第一。自二〇一四至二〇一九年連續五年參與了，由伊隆．馬斯克贊助五百萬美元（五十九億韓元）獎金的〈全球學習 XPRIZE〉（Global Learning XPRIZE）競賽，並獲得了最終的冠軍。

這就是 Enuma 這家企業創辦人李秀仁代表的故事。她從首爾大學畢業後，在大型遊戲開發公司擔任遊戲設計師時，和作為技術總監的先生一起去美國留學。同年誕生了一名孩子，但卻被告知長大後會有學習障礙。

她的孩子住在新生兒重症加護病房的期間，她正陷於無能為力的絕望之中，路過的醫師問她曾從事過什麼行業。她回答自己是從事遊戲設計的工作。醫生說：「哇！那麼可以為這裡的孩子們做很多事情啊！」這句話成為她人生的轉捩點，成為她獲得上述成就的原動力。

做任何一件事情，與其急於解決眼前的問題，不如先確定要解決問題的核心理由和目標是什麼，那麼會發現一條通往遠大目標的道路將要開啟。

思考一下

請相信你自己吧！
試著想想看，在你的內心裡，有一個比眼前任何困難，都更強大的力量存在。

—克莉絲汀・拉森（Christine Larson）

◆ 要從哪一種角度來看，才能把問題視為一個機會呢？

（例如：成長的機會、幫助的機會等。）

....

....

◆ 你想解決這個問題的真正原因為何？

....

....

◆ 為了解決問題，現在可以做的事情為何呢？

....

....

◆ 如果完美解決那件事情，是得到誰的幫助呢？

....

....

致 想成為好媽媽的你

「努力把自己變成好人，好人自然來。」

這是李孝利在「孝利家民宿」電視節目中，對正在苦惱如何遇到好伴侶的ＩＵ所說的一句話，這句話我也非常認同。

與其努力尋找好朋友、好老師、好同事、好孩子，不如相信如果我是個好人，身邊自然會有好人。

✕✕✕

權教練：今天你的心情是什麼顏色呢？

智敏：　今天我想起了黃色。我從上周開始上課，心情好多了。

權教練：哇，執行力真強，馬上就開始上課了。重新開始上課後，感覺怎麼樣？

智敏：這次我認真聽課，以「把學生們教好，之後出專輯」為目標，覺得想好好做，所以很努力。每當我去上課的時候，先生都會幫忙照顧孩子，所以我不能白白浪費時間，這次是真的想做好！

權教練：你目標明確，充滿幹勁，一定可以做得好的！我真的有點懷疑現在跟我說話的人，是上次和我聊天的同一個人嗎？現在這麼活力充沛，所以覺得很開心，今天有什麼想談的內容嗎？

智敏：我去朋友那裡上課，對於「自己曾為了達成目標，付出了多少努力？」做了一些反省，並有了很想努力教好的決心，所以很開心。

權教練：我也期待著智敏完成歌曲創作，製作出專輯的那一天，今天你想聊什麼主題呢？

智敏：我想談談如何成為一個好的父母？

權教練：智敏認為好的父母的形象是什麼呢？

智敏：好父母嘛？我從未想過。

權教練：給你一點時間，你能想一想嗎？

智敏：嗯，首先我想是要傾聽孩子的心聲吧！

權教練：傾聽孩子的聲音為什麼那麼重要？

智敏：孩子和我相處的時間最多，如果傾聽他們的聲音，孩子的心情應該可以維持在穩定的狀態。

權教練：真的是這樣沒錯，還有其他的嗎？

智敏：如果把孩子當作與我不同的獨立個體來尊重的話，就是好的父母。

權教練：尊重其為獨立的個體，這意味著什麼呢？

智敏：仔細瞭解孩子想要什麼，並盡量支持他們的選擇。

權教練：看看孩子想要什麼，並給予支持，這是很帥氣的表達啊！還有嗎？

智敏：能管控好自己的情緒，所以覺得很好。

權教練：什麼因素促使你覺得管控情緒很重要？

智敏：每當情緒不好的時候，就會變得很敏感，這樣的負面情緒就會傳達給孩子，孩子就要看我的臉色，擔心惹我生氣。

權教練：是的，我也覺得當我無法管控情緒時，會對孩子們造成影響。

智敏：我認為只要做好這三項，就是個好的父母。

權教練：嗯，能請你說一下剛才所說的三項是指什麼嗎？

智敏：傾聽孩子的心聲、尊重孩子為一個獨立個體、控制好自己的情緒。

權教練：是的！事實上，要做到這三項是相當困難的。我也會參考一下，試著實踐看看，你周遭有好父母的典範嗎？

智敏：有！熟人當中有位牧師，牧師有兩個兒子，老大是上班族，老二說他想成為紋身師，紋身師雖然不是不好的職業，但最初牧師也因為這個問題苦惱了很久！

但老二說他想認真試一試，牧師就先問老二擬定了什麼樣的計劃。不僅沒有任何反對，相反地還支持老二，要他好好做。他說老二是個意志堅定的孩子，自己會把事情處理好的，這樣為人父的樣子令我印象深刻。

權教練：真的與智敏所説的好父母典範完全一致啊！身邊有個人品很好的熟人，智敏真的很有福氣。為了成為這麼好的父母，有沒有嘗試過哪些努力呢？

智敏：閱讀了很多育嬰相關書籍。

權教練：你能分享一下在閱讀書籍的過程中，收穫最多的部份嗎？

智敏：曾經思考過如何不生氣，以及不對小孩大小聲的方法。

權教練：啊，那真的不簡單啊！還嘗試過哪些努力嗎？

智敏：我有試著和先生多聊天。

權教練：主要是分享哪些內容呢？

智敏：我們經常談孩子的事，孩子的爸也真的竭盡全力了。每天下班後，先生都會陪孩子玩，幫孩子洗澡。先生也不會抱怨，一直為我加油！

權教練：先生不僅要工作，也願意一起參與照顧的工作，真的是神隊友。

智敏：我真的很感謝他。

權教練：還有哪些部份要努力的嗎？

智敏：我需要個人的獨處時間，哄孩子睡覺後，偶爾晚上會跑到車上，讓自己有獨自思考的時間。釐清思緒後，就自然產生力量。

權教練：哇！在車裡的個人思考時間，這是怎麼想到的？真的很棒耶！

智敏：最近因為疫情的關係，不能去咖啡館，只能待在家裡，常常覺得悶悶不樂。先生照顧孩子的時候，我想開車出去兜風，但不去任何一個地方，就待在車裡聽聽音樂，心情自然就好起來了。

權教練：是的，只要待在獨處的空間裡，就能療癒心靈。你已經在努力了，真的很棒！好媽媽的滿分如果是十分的話，那麼智敏認為現在的自己是幾分呢？

智敏：我覺得現在好像有七分左右。

權教練：如果再嘗試哪些部份的話，能提高分數呢？

智敏：首先，我認為最好減少在孩子面前露出煩躁的情緒。

權教練：用什麼方法可以做到這一點？

智敏：放下要一肩扛下所有事情的想法，心靈就自然產生餘裕。而且常常睡不好覺，如果能解決這個問題，那就會更好。

權教練：那該如何解決這些問題呢？

智敏：在日常我負責的事情當中，請先生分擔一些，例如：念書給小孩子聽，周末讓先生哄孩子睡，這麼做應該就可以。一周熟睡兩次，精神狀態就會變得更好。

權教練：育嬰分擔打算從什麼時候開始呢？

智敏：今天晚上可以立即商量看看了！

權教練：今晚？執行力真強，我會為你加油的！還有需要努力的嗎？

智敏：開始說任何話之前，先練習深呼吸，先客觀地深思熟慮後，再說出口。

權教練：客觀地深思熟慮是什麼意思呢？

智敏：不論遇到什麼樣的情況，與其馬上說出口，不如先轉換角度思考一下。稍微停頓一下，然後想想對方為什麼會這麼做。

權教練：如果這麼做，會與現在有何不同嗎？

智敏：常常在生氣後，會產生「沒必要那麼做」的想法，就會感到後悔和自責，希望這樣的情況能減少，那就更好了。

權教練：很好！你還有什麼想嘗試的嗎？

智敏：我想這樣就已經足夠了。

權教練：到目前為止和我一直在談論如何成為一個好父母，今天在談話的過程中，有什麼新的感受或印象深刻的內容，能分享一下嗎？

智敏：我一直在想如何成為一個好媽媽，當你問什麼樣的人是好媽媽時，最初腦筋一片空白，因為從未想過這個問題！成為好媽媽的想法讓我感到有負擔，但我想只要好好遵守今天所說

的，就不會這麼煩惱了，謝謝！

權教練：我也十分感謝你！從智敏說自己想成為好媽媽的那一刻起，我就覺得你已經一位好媽媽了，我會為你加油的！

✕✕✕

「今天我又對孩子們大聲吼叫了，像瘋子一樣發飆。但現在看著熟睡的孩子臉龐時，又覺得十分內疚。本來應該可以再忍耐一下的，為什麼自己總是忍不住呢？」

這段文字是我哄著四歲的小敏和二歲的小媛睡覺後，滑手機時，在網路媽媽聊天室裡看到的文章，最初還誤以為是自己寫的。

白天我不應該對孩子做這些事，該罵的和不該罵的都說出口了，現在望著沉睡中的孩子臉龐，像罪人一樣自我反省，然而，隔天又開始對著孩子大吼大叫了。

當這種情況不斷地反覆出現時，萌生了這樣的想法：「以前的我不是這樣的，為什麼現在變成這樣了？是不是精神有問題？」幸好看到那篇文章和文章下面的好幾十則留言時，我得到了安慰，也比較心安了。

「至少不是只有我瘋了，原來照顧孩子的人都曾發生過類似的事情。」現在仔細想了一下，不是說大家都會這樣就沒事了，但真的得到很多安慰。有一則留言寫道：「我也是如此，我還以為自己是精神病患。大家好像都有一樣的困擾，我們一起努力吧！」

看到一篇不認識的人所寫下的心情告白：「還以為自己是精神病患呢！」讓你感到稍微的安心，不是只有你這樣，因為也有許多同類所以讓你放心，還有人留言為大家加油，要大家一起振作精神，怎麼會如此感動呢？

如果不是扮演孩子媽媽的共同角色，彼此怎麼能如此深刻且同理心地安撫對方的心呢？

思考一下

◆ 看到前面的文章，你會想留下什麼樣的留言呢？

◆ 如果你是寫下這篇文章的人，當你看到任何留言時，會感到欣慰嗎？

◆ 如果你是上述文章裡的孩子，有什麼話想對媽媽說嗎？

◆ 身為聽了上述孩子說的話的媽媽，你現在會產生什麼樣的感覺呢？

◆ 如果你現在有話想對自己說時，想說些什麼呢？

致 想擁有自己幸福標準的你

因我的存在及某種感覺而相遇並產生共鳴的人，即使沒有特別的教導，也會自己找尋所需要的領悟和道路，這是一種驚人的共鳴力量。

——朴惠信《你是對的》海味出版社

✕✕✕

權教練：你最近心情如何？

書娟：最近我的情緒起伏很大，如果兩個孩子打架或大聲喧鬧，我就會很生氣，如果兩個孩子相處得愉快，心情就會不錯。心情隨著孩子們的情緒起伏不定，覺得很疲憊！

權教練：這是照顧小孩時，稀鬆平常的狀況。我偶爾也那樣，應該說是經常，哈哈！在開始我們的輔導之前，我們先哭一場吧？

書娟：哈哈，是嗎？教練，不只有我這樣嗎？大家都是這樣嗎？

權教練：那當然啊！我也是一樣，我們一起加油吧！今天用顏色來表達心情的話，會想到什麼顏色呢？

書娟：我想起了藍色。

權教練：為什麼會想到藍色呢？

書娟：外表看起來似乎很平靜，往裡面一看的話，是呈現下沉的狀態。

權教練：你那樣描述藍色，讓我更清楚知道那是什麼樣的感覺。透過今日的交談，會努力試著讓你下沉的心情展現活力的。你能告訴我今天想分享什麼話題呢？

書娟：覺得很難跟他人相處，我無法對他人完全敞開心房，不知道如何與別人自在地相處。

權教練：你能說得更具體一點嗎？

書娟：　會擔心別人是怎麼看我，如果他人對我的印象不好的話，就會感到很不安。

權教練：如果要你用一句話來概括這些內容，會用哪一句呢？

書娟：　我想知道如何與他人自在地相處。

權教練：書娟認為人們之間自在地相處的畫面，會是什麼樣子的呢？

書娟：　在同一空間內很自然相處？感覺很舒服？這類的感覺。

權教練：你能分享一下，你從什麼時候開始有這樣想法的呢？

書娟：　孩子現在上小學二年級了，似乎從孩子上小學開始就有這種想法。

權教練：有什麼樣的原因嗎？

書娟：　孩子上小學後，媽媽們會有班親會。然而，有一次開始感覺在那樣的場合很不自在，之後就不斷產生那樣的感覺。

權教練：除了孩子的班親會以外，書娟和朋友見面的感覺怎麼樣？

書娟：　我有個經常聯絡的朋友，但不常見面，所以沒什麼特別的感覺。

權教練：可以試著回想一下，你以前和他人相處的時候嗎？

書娟：上國中一年級之前，我從來就沒太在意過他人的眼光，過得很好。從青春期開始變得很敏感，覺得獨處的時間比較輕鬆自在。

權教練：那麼從什麼時候開始，想和大家好好相處的呢？

書娟：嗯，似乎從婚後懷孕開始，渴望與人的關係有所改變。雖然為了撫養孩子而忙得不可開交，但似乎開始希望「有一個能分享疲憊心情的對象」。

權教練：我也有同感，照顧孩子的時候，真的特別希望能有談得來的人。你曾經為了和他人見面，而嘗試過哪些努力呢？

書娟：孩子小時候，其實並沒有為了與他人相處而做過任何的努力，過去只是「希望有個朋友」。但現在因為孩子們已經上小學了，為了獲得孩子所需要的補習班與學校相關資訊，就需要參加聚會。所以我參加了孩子班上的媽媽聚會，但他們的談話內容大多圍繞在房地產、對婆婆的不滿以及對先生的抱怨等，覺得很無趣。所以即使去到了那樣的場合，也只是坐在角落，聆聽他們的談話內容，然後就回家了，就覺得「我在幹嘛啊」。但一想到孩子，就還是去參加了，所以心情上就變得很複雜。

權教練：心情雖然很複雜，但繼續參加那個聚會的理由為何呢？

書娟：我擔心不去的話，孩子會跟不上其他小孩，也擔心孩子會像我一樣變成沒什麼朋友，影響他的社交能力。

權教練：在書娟的眼裡，孩子的交友關係如何呢？

書娟：我覺得他人際關係還不錯，可能因為個性很活潑，和朋友們都可以相處得很愉快。

權教練：關於書娟之前說，擔心孩子有人際方面的問題，現在應該可以放下心了。

書娟：是的，應該是。

權教練：剛才說自從青春期以後和他人見面時，就會變得很敏感，能問一下是什麼樣原因使你變成這樣的呢？

書娟：那時候家庭經濟環境突然陷入困境，所以似乎從那時候開始必須看他人的臉色。

權教練：現在怎麼樣呢？

書娟：其實現在不太需要看他人臉色生活了。

權教練：現在的書娟如果有話想對青春期書娟說，會想說什麼？

書娟：那時候環境突然改變，所以很辛苦吧！但還是謝謝你好好地活著，環境改變不是你的錯，不用太在意他人的眼光。不用太快裝得很成熟，只要做你想做的事，好好過日子，就可以了！長大後會變得比現在更幸福的，別擔心，我會為你加油的！

權教練：今天談了很多內容，感覺怎麼樣？

書娟：那時候沒人告訴我沒關係，聽到沒關係時真的很棒。說到長大後會比現在更幸福時，心情瞬間變輕鬆了。小時候看他人臉色的記憶，似乎一直如影隨形地跟隨著我，我想現在可以放下它了。

權教練：書娟對年輕書娟的鼓勵話語，也使我的精神振奮。

權教練：不久之前，你說孩子自己做得很好，應該不用為了孩子去和家長們見面，然後也說現在似乎可以放下看他人臉色的心情了。那麼該怎麼做，才能輕鬆地與他人見面呢？

書娟：並非一定要參加孩子們的媽媽聚會，似乎可以去認識能夠一起分享生活和心事的朋友。我喜歡做麵包和畫畫，我想從參加這類活動的人來認識新朋友。

權教練：這麼一來，書娟既可以做自己喜歡的事情，也能分享生活，就可以締結很多好的緣份，你還想嘗試哪些事呢？

書娟：首先從像這樣細微的事情開始的話，會變得比較自然。

權教練：今天輔導時間要結束了，還有什麼話想說嗎？

書娟：過去那段時間也沒有誰讓我不舒服，是自己一個人想太多了，讓自己感到不舒服。

今天在聊天的過程中，發現孩子在學校適應得很好，我似乎不一定要參加媽媽們的聚會。就只是我一個人認為是「為了孩子去的」，但因為是硬著頭皮去參加，因此倍感疲憊。

現在覺得不用去也無妨時，心情就變得輕鬆了。小時候因為環境的改變對我造成重大影響，今天我突然領悟到，只要轉念一下，內心就變得舒暢多了。

現在情況都改變了，與其想太多，不如做自己喜歡的事，心情自然就會變輕鬆了。

權教練：聽到書娟的聲音變得更開朗了，我的心情也變輕鬆了。我也會為你加油的！

書娟：教練說要為我加油，我整個人都有信心了，謝謝！

我的手機上有幾個社群聊天室。

有一天有一位朋友，突然在大學同學裡的群組裡，傳訊息問大家都過得好嗎？

我看到時瞬間頓了一下，該告訴他什麼呢？

結婚了？住在哪？有孩子了？從事的工作？

「過得好嗎」的標準為何？

如果只說過得很好，這樣回答似乎毫無誠意，又猶豫了一下之後，跟我提問的朋友又再次地提出問題。

當他問到是否還好時，我不知道該回答什麼。

那位朋友又問道：

「大家都健康嗎？」

「是的，很健康！」

「這樣就夠了！」

如果告訴他是否結婚了，「我們這個年齡的人，大多早就結婚了。」下意識裡浮現這些想法的我，好像是上年紀的人了。要回答在某家公司上班或是作家庭主婦嗎？

但我的腦海裡像雜草般糾結在一起，因為每個人心裡都有自己的標準，但其實只要回覆這一句話就好了。

「大家都很健康！」只要說健康，就足夠了。

思考一下

你無法掌控周遭的一切，
但也不要因為那些事而讓自己變得渺小。
—保羅・田立克（Paul Johannes Tillich）

◆ 你什麼時候感覺自己最像自己呢？什麼因素可以促使你擁有這樣的感覺？

....

....

....

....

◆ 當你感到難過時，如果得到一些鼓勵的話語，能夠產生力量嗎？

....

....

....

....

致努力生活的你

「你在一天內可以做很多事情。」

這是二〇一一年上映的伊朗電影〈In Time〉中的臺詞。以「時間就是金錢和生命」為主題的電影。電影中的人物成長到二十五歲之後，可以永遠以當時的外貌一直活下去。但從此以後，為了生存下去，必須購買時間。手臂上刻有〈倒數計時時鐘〉，死亡之前會給予一年的生存寬限期。不是用貨幣「金錢」，而是用「時間」購買壽命，一杯咖啡可以買到四分鐘，一把手槍可以買到三年，一輛跑車可以買五十九年。每天早上檢查自己所剩餘的時間，再開始新的一天，當意識到生命在計時器歸為零秒的那一刻就結束了。人與人之間也可以透過手腕互相接觸，來換取時間。這個世界裡存在著擁有一百萬年壽命的富翁，也存在著因為沒有時間而立即死亡的人。這部電影其中一幕是主角的母親去補充時間時，只差一秒，就發生了喘不過氣而死去的場景。

另外，在這部電影中，可以看到時間加深了「富益富，貧益貧，階層間矛盾」的現象。富人能夠做自己想做的事，悠閒地度過一天，但有時也白白地浪費掉很多時間。但貧窮人為了多活一天，而用時間賺錢，再用錢來購買時間，就這樣每一天週而復始地度過。

很幸運的是，我們每天無須努力，就能公平地獲得二十四個小時。現在你打算如何使用這些時間呢？

✕✕✕

權教練：你最近最常感受到什麼樣的感覺呢？

慧晶：　最近我常感到敏感、無助和憤怒。

權教練：用顏色來表現最近的心情的話，什麼樣的顏色比較適合呢？

慧晶：我想起了深灰色，不像黑色那樣看不到前面，但仍略帶憂鬱色彩的顏色。

權教練：原來如此，今天想談什麼樣的主題呢？

慧晶：最近覺得生活太累了，很無助。現在很想擺脫這種無助的想法，想找出原因。

權教練：如果用不同的方式來表達，想從無助中解脫出來的心境，你會怎麼表達呢？

慧晶：努力地過生活吧？

權教練：是的，很好。你能告訴我最近讓自己感到無助的經驗嗎？

慧晶：孩子今年五歲了，想在家裡讓他學美術，也想讓他上互動的成長課程，但都覺得太麻煩了。

權教練：都覺得很麻煩的原因是什麼呢？

慧晶：我太喜歡滑手機了，總是不自覺地一直滑手機。

權教練：不滑手機的話，可以做些什麼事呢？

慧晶：時間充裕的話，想看書，但似乎沒有時間。

權教練：能問一下你一天的行程嗎？

慧晶：早上八點左右起床，九點左右讓孩子上幼稚園，然後再喝杯咖啡，十一點做瑜伽，下午一點洗澡，二點接孩子放學，從二點開始陪孩子。晚上九點左右孩子睡著後，晚上十點到十二點用手機上社群網站或者線上購物。然後就這樣睡著了，哈哈！

權教練：感謝你與我分享一天的行程，但能問一下你最後笑的理由是什麼嗎？

慧晶：我以為一整天都很忙，好像都沒有空閒的時間，現在才發現整天都是我的時間啊！哈哈！

權教練：原來如此，你在聊天的過程中，找到了沒時間的原因了嗎？

慧晶：時間安排得太零碎了，即使有事要做，也因為愛滑手機，讓時間變得很零碎。

權教練：怎樣才能把零碎的時間，轉換成慧晶能任意使用的時間呢？

慧晶：首先，我認為應該減少手機的使用頻率。

權教練：如何減少手機的使用頻率呢？

慧晶：不是每次拿起手機的時候都要滑一下，而是把手機擺放在某個位置，只作為聯絡的用途。

權教練：那麼滑手機的時間，能做些什麼事呢？

慧晶：我可以讀書或學習。

權教練：你想閱讀什麼類型的書籍呢？

慧晶：想閱讀推理小說。

權教練：你想學習什麼呢？

慧晶：我想學習英語。

權教練：從什麼時候開始，可以用學習和閱讀書籍來代替滑手機呢？

慧晶：我想從明天就可以開始了。

權教練：從明天開始的話，會變得有什麼不同呢？

慧晶：玩了整天的手機，但隔天什麼事都忘記了，時間也就這樣流失掉了，只剩下煩躁的情緒。閱讀推理小說可以集中精神，也很有趣，也會對於下一個情節產生好奇心，期待明天要閱讀的章節。學習英語，會讓自己感到很充實，感覺很好。

權教練：剛開始跟我談話的時候，說到要擺脫漫無目的的生活，就是「努力地生活」。照你說的那樣去實踐，就能產生勤勞過生活的感覺嗎？

慧晶：是的！既能養育孩子，也能學習英語，提高實力。

權教練：今天跟我聊天的時候，有沒有新的感受或者想分享的內容呢？

慧晶：我一直認為自己沒有時間，我的潛意識裡認為在孩子下課之前，應該一直處於等待的狀態。但現在我覺得那也是我的時間，應該思考如何運用。

當我發現自己不是沒有時間，而是把時間都耗費在手機上時，感到十分驚訝！我覺得真的該停止沉迷於手機了，謝謝教練！

權教練：是的，我也很感激。當你剛開始聊天時，說最近的心情顏色是深灰色。可以請問一下現在是什麼顏色呢？

慧晶：淺灰色，剛才說是接近黑色的灰色，現在是接近白色的透明灰色。

權教練：你能更具體地談談，透明灰色所代表的意義嗎？

慧晶：它仍然不透明，但只要再努力一些，有一種有可能變清澈的感覺。

權教練：哇！有可能產生變化的，這句話的感覺充滿希望，我會努力為慧晶加油的！不管任何時候，如果你需要我的幫助，請告訴我。今天的輔導時間要結束了，可以嗎？

慧晶：好的，教練。已經很足夠了，內心覺得很踏實，謝謝！

×××

「媽媽」

「媽媽」

「媽媽」

這個單字不停地被呼叫著，它被叫的次數比我的名字被叫的次數還多。

對孩子們來說，這是一個像魔法般的單字。只要有這個單字，不僅日常生活所需的任何問題，連玩遊戲的問題也都得以解決。

「媽媽！媽媽！」

又聽到那魔法般的單字了。

我有氣無力地回答：「嗯？怎麼了？」

孩子一臉茫然地望著我說：「我沒叫媽媽啊？」

現在是已經得到幻聽了嗎！

不管我做什麼，常常會被孩子給打斷，從某一天開始，我花在手機上的時間變多了，因為用手機時即使被打斷也不會受任何影響，但似乎也讓我的生活與計劃有些脫軌了。

因此我和孩子們訂下了一個規則。

「當你需要媽媽幫助時，就直接來到媽媽所在的位置，直接說有什麼事。」

我不知道是不是因為自己懶得移動，才訂下這個規則，但很慶幸的是，孩子找我的次數明顯減少。

自己也訂下了這樣的約定，即使是發呆，除非有電話來，不然都不能看手機。即使無事可做，也要坐在書桌前。如此看書的時間，就自然增加了。

在照顧小孩的過程，很容易深陷神奇的時間消失泥沼裡，時間似乎很多，卻常常不知不覺就過完一天。一天很漫長，一年卻很短。我非常需要讓自己不會陷入時間泥沼的魔法。

思考一下

We live, not as we wish, but as we can.

我們不是按照自己的意願生活，而是盡我所能地生活。

—希臘諺語

● 請試著記錄下自己一天的時間，並寫下做每件事的心情、分數和原因。（滿分10分，例如洗碗：暢快8分，與媽媽通電話：自在9分，打掃：很累3分）

時間	做的事情	心情	分數	備註

● 看了一天的時程表之後，你產生了什麼樣想法呢？

● 在完全屬於自己的時間上，塗上喜歡的顏色，並留下一句自我勉勵的話語。（如：做得好、很厲害！）

● 如果你塗上顏色的時間不多時，那麼是否可以將某些時間，轉換成屬於自己的時間，並且寫下你想做什麼！

● 當你依照上面的建議執行時，你的心情會變成怎麼樣呢？

致 想努力與孩子對話的你

每個人的腦海裡皆各自有個「框架」，
當來自外部的任何現象與自己的框架一致時，
才會產生「知道了」的認知。

若想做一個能言善道的人，
須培養與對方框架連結的能力。

——畑村洋太郎《直觀式數學》首爾文化史

✕✕✕

權教練：用什麼顏色來表達自己最近的心情呢？

仁英：我的心情是由多種顏色混合成的。

權教練：造成多種顏色混合在一起的原因是什麼呢？

仁英：工作太忙了，還要照顧小孩子，所以忙得不可開交。

權教練：既要工作又要照顧小孩，應該很忙碌吧！我也跟仁英一樣，必須兼顧工作和小孩，十分理解你的心情。

仁英：啊！原來教練也跟我一樣，很辛苦吧？

權教練：是啊！仁英和我一樣，工作和育兒都得兼顧，真的很不簡單。儘管你這麼忙，但還是抽出時間來接受輔導，我今天會全力以赴的。今天在這段寶貴的時間裡，你想和我談些什麼內容呢？

仁英：我想好好地陪伴孩子，但常常和小孩聊天聊到一半，就會忍不住提高音量嘮叨，所以孩子也不喜歡和我聊天，我也擔心會再發生不愉快的狀況，也就不再想多說話，但心裡有點難過。

權教練：你一定很傷心吧！為了改善你和孩子的關係，你申請了這個輔導，仁英是一個努力的好媽媽。

仁英：希望孩子也能像教練一樣瞭解我的心。然而，只要我提到某些事情時，就會嫌我嘮叨，所以真的很兩難。

權教練：我相信總有一天孩子也能理解仁英的心情。我打算開始今天的交談，你能用一句話來概括一下今天想分享的內容嗎？

仁英：我想學習如何愉快地與孩子交談，改善親子關係，該怎麼做好呢？

權教練：嗯，仁英認為愉快的對話意味著什麼呢？

仁英：我認為互相說出自己的想法，並用心傾聽對方的心聲，有助於建立良好的關係。

權教練：仁英能分享一下，自己和孩子透過什麼樣的對話方式來建立關係嗎？

仁英：這個嘛！先觀察孩子的行為，揣測他的動機，再交談。

權教練：還記得最近和孩子交談中最困難的經驗嗎？

仁英：孩子現在是國中生，如果考試考不到一百分或者沒有考第一名，就會嚎啕大哭，或躲在房間裡大聲尖叫。我安慰他說：「學習不是世界的一切，應該愉快地享受學習。」但他卻生氣地對我說：「媽媽不瞭解我的心情。」希望我離開房間。

權教練：孩子生氣的時候，仁英的心情怎麼樣？

仁英：本來因為內心不捨，想安慰他，卻讓他更生氣，這讓我更驚慌失措。但也很生氣，真的不知道該如何和孩子溝通。

權教練：現在聽完仁英的話之後，感覺你似乎很驚慌失措。孩子平日的性格怎麼樣？

仁英：每年更換班導師的時候，班導師都稱讚我的孩子很上進、認真。我也覺得孩子真的很努力學習，但只要成績一不滿意，就容易有挫折感。除了學習以外，世上還有很多有趣的事情，連社會上的職業也變得多樣化了，希望孩子能帶著更輕鬆的心情學習。現在他只是一個國中生，壓力都已經這樣了，那麼以後上高中，怎麼能承受得了，真的很擔心！

權教練：我覺得你是一個對孩子未來職業，持開明態度的媽媽。仁英有對孩子分享過你的想法嗎？

仁英：我從來沒正式跟他談過，但孩子因考試考不好而難過時，我會跟他說：「你已經全力以赴了，即使成績沒有其他人好，也無妨，不要太自責。」

權教練：你這麼說時孩子的反應如何？

仁英：孩子說：「我的努力，媽媽知不知道並不重要。」然後就嚎啕大哭了，會一直大聲叫著想考第一名。

權教練：你一定很傷心吧！你對說了這些話的孩子說了什麼呢？

仁英：我說：「我想安慰你，如果你一直這樣生氣，我就不想再說了。」

權教練：這麼說，你的心情怎麼樣呢？

仁英：覺得今天的談話又失敗了，不過，現在突然知道該怎麼做了？

權教練：你認為哪一部份失敗了？

仁英：我想安慰他，可是最後卻憤怒對他說：「我再也不想和你說話了。」就結束對話了。

權教練：如果對話分數滿分為十分時，仁英和孩子的對話是幾分？

仁英：應該只有三分吧。

權教練：理想的分數是幾分？

仁英：我知道這很難，但理想的分數當然是十分啊！

權教練：你曾經試圖以更溫柔的態度和孩子交談嗎？

仁英：之前跟孩子的班導師面談時，我問了關於孩子在學校的狀況，並得到了一些建議。在家裡也會觀察他和朋友通電話時，都聊些什麼內容？

權教練：哇！你為了改善和孩子的關係，付出了很多的努力。上述的努力當中，哪一種努力的成效最佳呢？

仁英：班導師說孩子有領導能力，和朋友們處得很好，所以很放心。但在家裡不常說話，總是待在房間裡讀書。我正努力相信孩子，但也持續關注他。

權教練：幸好你放心了。截至目前你已經很努力了，但是以後還會做哪些嘗試呢？

仁英：現在在跟教練聊天的過程中，覺得應該要再跟孩子聊聊。我想和孩子好好地溝通，但好像從來沒問過第一名對他來說為什麼那麼重要？

權教練：你能告訴我，為什麼覺得應該和孩子再談談呢？

仁英：就我的立場而言，除了學習以外，還有很多有趣的事情，但事實上，內心卻在抱怨：「孩子年紀還小，為什麼要承受那麼大的壓力，弄得他自己很疲憊，連家人也跟著他受累。」在孩子精神狀況良好的時候，要再試著跟他談談為什麼他把成績看得如此重要。考試成績出來時，孩子處於傷心到無法控制情緒的狀態，在這樣的狀況下聊天，似乎無法溝通。

權教練：那你什麼時候能和孩子交談呢？

仁英：現在是放假期間，孩子看起來心情有比較輕鬆，這個星期應該能輕鬆地聊聊。

權教練：希望你能和孩子輕鬆地聊天，你還有什麼想嘗試的呢？

仁英：如果試著和先生談談，會比較好。如果經常和先生討論孩子的教育問題，我的心情應該也會變得更輕鬆一些吧？

權教練：很好，你什麼時候可以和先生討論呢？

仁英：我想我們今晚就可以馬上談。

權教練：這週和孩子、丈夫交談之後，會產生什麼樣的變化呢？

仁英：問孩子為什麼對成績那麼執著時，如果站在孩子的立場溝通時，可以更理解他的想法。也停止跟先生發牢騷說：「孩子不想和我說話。」而是更具體地談談我們要提供孩子哪些支援，那麼就可以進行比現在更有意義的對話了！

權教練：孩子有像你這麼好的媽媽，真的很幸福啊！要結束諮詢了，有想知道的或有新的感受嗎？

仁英：沒有，其實我也認為自己是個好媽媽。其他父母都要求孩子讀書，只有我會說：「你不讀書也無妨，找其他想做的事情也行。」但孩子卻因為我這樣說而更生氣，又看到他和老師、朋友相處得很融洽，心想：「為什麼只對我發脾氣呢？」覺得很傷心。

然而，現在我明白了，我從未問過孩子真正想要的是什麼，只站在自己的立場上，一直說沒關係，所以孩子會覺得很悶悶不樂。我如果早一點直接問孩子的想法就好了，卻繞了一大圈，現在應該要好好地和孩子溝通。今天的諮詢真的有很大的幫助，謝謝！

權教練：能夠幫助到你，我也很感謝！

×××

這個案例是一位和我一起參加教練讀書會的中國老師分享的，不過，依照自己個人風格做了微幅的修改。這個教練讀書會是在一個偶然的機會下加入的。

「謝謝你之前寄給的我的新年祝福，由於你太認真了，所以慎重提筆思考的時間沒想到會那麼漫長。你說邁入碩士班第二年的今年將會更認真，很高興聽到這句話，也會一直為你加油的！如有需要幫忙之處，請與我聯絡。祝闔家福如東海！」

針對日前我的新年祝賀簡訊，做出如此真誠回函的人，就是去年研究所「輔導研討會」這一門課程的授課教授吳正根教授。

文中提到「如有需要幫忙之處，請與我聯絡！」的字眼，短暫地苦惱著「真的可以和對方聯繫嗎？」但因為「現在就提起勇氣吧！」的想法，寫了一封回信。

「教授，我想知道你能否幫我介紹教練讀書會或服務機構。」

一個小時後教授回電了，問我：「權教練你在聚會中，最想做些什麼事情呢？」

「希望有機會與對教練感興趣的人交流，想知道他們想成為什麼樣的教練，或成為教練前該做哪些準備？」

「現在有在從事輔導方面的工作嗎？」

「我正在寫一本關於總結去年生活輔導的案例書籍。」

「正在撰寫書籍，真的太厲害了！」

「並不厲害！教授看完我的書稿之後，會覺得很可笑，或者教授願意稍微翻閱一下嗎？」

「我覺得很榮幸。」

我因為從未邀請教練專家閱讀我的書稿而感到羞愧，然而，我想請「先問我想做什麼，之後又認真傾聽我的想法」的教授閱讀我的書稿。通完電話之後，教授推薦我去參加從去年我就很感興趣的聚會。還在閱讀書稿之後，給了我一些建議。最後，他給了我一個值得感謝的建議，讓我嘗試參加教練讀書會。就這樣，我透過讀書會，知道了這個中國老師分享的案例。

「即使國籍不同，身為父母所苦惱的問題也都大同小異。」每次讀書會都是十分有趣的時光，本書的內容是參加教練讀書會之前所進行的輔導案例。

在參與教練讀書會後，獲得的知識越來越多，就越擔心是否要依照教練的專業技能修改書稿內容。最後我決定分享諮詢過程中，和被諮詢對象一起思考的過程，不重新加以編輯修改，而是盡可能地把實際對話內容原封不動地保留。

教授總是在開始談話時，問完你帶著什麼樣的想法想做什麼之後，不是給予建議，而是提供自己釐清思緒的機會。

談話不是告訴對方我想說的話，而是給對方足夠的時間說出想說的話，當彼此能共享想法時，談話才有意義，才可以成為一起成長的時間。

教練隨筆

林昌正的〈一杯燒酒〉

因為疫情的關係，與孩子一起待在家的時間變多了，一直思索著能與孩子們一起玩什麼呢？不久前我買了一個藍牙麥克風，下載 KTV 應用程式之後，和孩子們開心地唱歌。唱得正興高采烈的時候先生下班了，起初對於唱歌感到難為情的先生，在孩子們盛情邀請之下，唱了首林昌正的〈一杯燒酒〉，我陶醉在先生認真演唱的歌聲中，突然潸然淚下。

不知為何眼淚會落下，我也感到有些莫名其妙，腦海突然掠過幾年前去世的父親臉龐。平日和爸爸的回憶並不多，很少想起爸爸，但不知為何現在會淚流不止。因意外事故成為身障人士的爸爸，當時和我現在的年紀差不多，年僅三十九歲。

我小學五年級的時候，爸爸在工作的過程中，發生了意外事故，一隻腿的某部分截肢了，共做了三次手術。當時我認為爸爸是成人了，可以承擔得起這一切，換句話說，就是認為成年人不會有無法承擔的困難。

當時似乎更令自己感到難過的是，不得不在小小年紀，以身障人士女兒的身份活著。當時我並不知道自己是這麼想的，現在看著孩子的爸唱歌的樣子時，心想著：「也許那時我就是那麼想的。」經過二十年後才知道，對於不得不作為一個脆弱的身障人士女兒活下去的自己過於同情，以至於對於爸爸的絕望和挫折視若無睹。

孩子應該如何養育？我該怎麼生活？現在這樣生活對嗎？

以為只要長大成人後自己就能知道，以為只要自己下定決心，就能做到。

有兩個漂亮又健康的孩子。也有誠實、顧家的丈夫，那我為什麼更害怕呢？覺得有那麼多要守護的人，現在才知道父親的內心是恐懼的，當時如果說一句：「爸爸現在沒事了！」如果能溫暖地與父親的眼神互相凝視，並擁抱父親一次，那麼他就不會那麼痛苦了。

用埋怨的眼神望著爸爸，心裡想著：「爸爸以後要如何以軟弱的身軀守護我呢？為何讓我成為一個孤苦無依的孩子？」而他從我身上感受到的冷漠，也許讓爸爸更傷心，一想到以前的我這樣傷害爸爸，眼淚就潰堤無法停止。

我父親真的不會唱歌，他完全具備了不會唱歌的所有條件，例如：音癡、沒有節奏感等。很諷刺的是，今天先生唱歌的樣子讓我想起了爸爸，於是潸然淚下。

先生的肩膀也像父親一樣沉重嗎？

先生是如何感覺我的眼神的呢？

一杯酒似乎勾起像黑夜般的回憶。

那些美好的時光，現在都僅存於嘆息聲中。

你離去的臉龐是否落淚呢？我先轉過身。

自那時起我想念你，人是在改變的，比過去更需要你。

爸！您在那裡過得好嗎？您為什麼不說話，正在哭泣嗎？是因為好久不見，還是因為你所愛的人，也就是自私的我無情地把您推開，你才不說話嗎？近似瘋狂地再次呼喚著爸爸。

我用雙手抱住爸爸，在爸爸去世時的最後瞬間。緊緊抱著冰冷僵硬的爸爸時，我才說了這樣的話：

「爸爸您很孤獨吧？在那裡不要生病，要健康地生活。對不起，我說得太遲了！我愛你！我非常愛你！爸爸再見！再見！再見！不⋯不要走⋯⋯不要走⋯⋯。」

今天我孩子的爸，在我面前熱情地唱著林昌正的一杯燒酒。

我和先生偶爾也會一起喝著燒酒，面對面聊天，這樣的時光十分美好。

過去只覺得很苦的燒酒，現在卻很香甜。多虧了眼前的這個人讓我有一個美滿的家庭，孩子們的爸爸不會孤單的，我會溫暖地守護著他。

一起喝一杯燒酒吧！

附錄

人生計劃書

當我寫這本書時，萌生了一個有趣的想法。每位顧客在接受我個人輔導時，所分享的聊天主題雖然都只有一個，但這些主題大部分是我們生活中，都曾苦惱過的問題。

為什麼這種苦惱會不斷發生呢？也許因為想「好好」生活吧？我認為「好好生活」是指身心都處於舒適的狀態。

當我們看電影時，如果事先知道結局，心情就不太會因情節而有情緒的波動，也不會有驚喜。但我看電視劇時喜歡一次看完，也喜歡事先知道這部電影的結局，是以喜劇或悲劇收場，以做好心理準備來觀看。

因此，我經常想如果我事先知道未來生活的大致發展狀況，可能會活得更充實。

正當產生這種想法時，在讀研究所時修了「未來學習生涯規劃」這個科目。我們被困在一個叫新型冠狀病毒疫情的迷宮裡，在路上徘徊，在學習未來的過程中，領悟到現在的生活應該不是這樣的。

在學期作業中，提交了規劃了未來設計的人生計劃書。最初覺得連眼前的現況都不明朗了，所以對於這份人生計劃書，更是感到茫然不知所措。然而，在撰寫完第一頁時，卻不禁流下眼淚。

只是因為在最上面的欄位上寫上媽媽的名字，並按年份寫下年齡而已，沒想到會哭得這麼厲害，這令自己十分慌張。從此，我認真地為自己寫人生計劃書，而不是為作業寫人生計劃書，我想和本書的讀者一起分享這段寶貴的經歷。

因此，我不知道是否可以將生活計劃書格式放入本書中，於是將自己的人生計劃書和已完稿的本書內容，以電子郵件的方式寄給了《未來學未來經營》的作者李柱憲教授。

第一次為了自己書籍中某些內容，而去連絡某位陌生的專業教授，緊張地想：「他會回覆我嗎？」然而就在當晚，該名教授就寄了一封回信給我，內容上寫著一些建議和鼓勵的話，上面寫著：「為了讓一般人能更輕鬆地運用，我提供了詳細的技巧。」並提到如果有想知道的部分，可以隨時詢問，也可以親自到研究室討論，真是令人高興的回覆。

沒多久之後，我完成了最終的書稿，整理好人生計劃書的表格，為了讓他看到最終版本，就親自登門拜訪教授。不知是不是因為有同樣的興趣，我和教授的談話非常愉快和輕鬆。

特別難忘的是，他告訴我一個與生活計劃書有關的有趣故事。很久以前，在美國留學期間教授，認識的一位學長在獲得了博士學位之後搬家了，自己就搬進去學長空出來的房子住了幾個月。學長搬走後，他搬進了那間空蕩房子裡的第一天，發現了一張掉落在地板上的紙，仔細看了一下內容，上面畫著前輩寫的人生計劃書。

那位學長日後成為韓國國內大企業的執行長，他的人生和當初的人生計劃書內容完全吻合，已經經過那麼多年了，每當聽到那位學長的消息時，教授都還會嚇了一跳。那已經是三十五年前的事了，是教授在撰寫未來經營學書籍時，想起的記憶，覺得非常有趣。

在一個半小時的聊天過程裡，教授多次問我：「『現在』的我快樂嗎？」總是強調要忠於現在，活在當下。他強調自己雖然撰寫了未來學書籍，但絕對不能錯過現在，未來是無法預測的，而想要的未來，是可以透過現在的努力來創造出來的。人生計劃書可以成為創造個人未來幸福的藍圖，這句話真的很令我印象深刻。

時間就在我們的交談中流逝，但因為須配合小敏下課的時間回家，所以慌慌張張地去趕公車了，也沒好好向教授道謝、道別，就匆忙離開了。然而，那短暫的談話內容比任何時候更為振奮人心。

一坐上車的瞬間！感覺就像在時間旅行中彈出來一般。如果我沒有寫一本書，就不會與自己最喜歡的書籍作者相遇，一起交談。覺得自己寫書是正確的抉擇！

接著將分享把我從一個複雜迷宮帶到悸動狀態的人生計劃書表格。為了最完美地度過人生，而不浪費不會再倒流的時光，我花了好幾天查找書籍、上網搜尋，並向相關人士詢問及索取資料。

如果我們毫無計劃地活數十年，難道不會太對不起自己了嗎？讓我們對自己更認真一點吧！透過人生計劃書，也不是要你拘泥於某些事情上，而是熱切地希望你能邁出人生主線的第一步。那麼你的生活就不會在無知中被拖著走，也不會不知往何處去，而是可以到處看看，享受由自己主導的生活，現在將介紹具體的人生設計方法給各位。

就像生活計劃書給了我很大的幫助一樣，也以希望能夠幫助讀者的心情，以《未來學未來經營》一書為基礎，重新編制了簡易版的人生計劃書。

雖然有些艱澀，人生也並非只有輕鬆與愉快。如果完成人生計劃書，一定會對生活有很大的幫助，所以強烈建議你寫寫看。

關於我自己和我的環境自我診斷

我到底是誰？我為什麼活著呢？我的夢想是什麼呢？
我的生命價值是什麼呢？人生計劃書首先從發現自己開始。
我該如何定義「幸福」呢？我的優點和缺點是什麼呢？
我是否過著成功的生活呢？我希望自己的未來是什麼樣子的呢？
十年後、二十年後和三十年後的目標是什麼呢？

請試著活用下列表格來認識自己吧！

1 我和家人的歲數？

我和我的家人在某一年度是幾歲？填完表格後，仔細自我分析。

					我	年度
						2021
						2026
						2031
						2036
						2041
						2046
						2051
						2056
						2061
						2066
						2071
						2076
						2081
						2086
						2091
						2096
						2101

2 預測我和我的家人可能發生的事情

生活是大大小小事件的串聯，最後造就了人生。如果事先瞭解到哪些事件最可能出現在人生的哪一個階段，而這些事件會影響您的餘生，這是十分重要的。

在下表中舉例說明人生各個階段將發生的事情。

人生的階段	常見事件	對生活造成重大影響的事件
嬰幼兒期	學習、學走路、學說話、小病	重症
兒童期	上課、成長、小傷、小病	重症、被霸凌、父母離婚
少年期（十來歲）	學校、考試、挑選大學、青春期、感情、性、成長、初戀、初次離別、駕駛、危險言行	交通事故、嚴重受傷、逮捕拘留、懷孕、父母離婚、父母去世或朋友死亡

青年期（二十來歲）	學校、考試、挑選大學、青春期、感情、性、成長、初戀、初次離別、駕駛、危險言行	交通事故、子女生病或發生交通事故、辭職、轉職
成年期（三十來歲）	懷孕、衰老信號、空置房屋、父母退休、成就獲得認可、提高薪資、儲蓄	經濟壓力、離婚、離職與解僱、轉職
中壯年期（四、五十歲）	衰老、認知能力不足、摔傷風險、被騙的可能性、犯罪傷害	孫子、孫女、自己或配偶罹患慢性病、父母病逝、犯罪傷害、失業、離婚
獨立的老人（六十歲以上）	退休者、年金、醫療保險、自由時間、搬家、新朋友、旅行、子女問題、孫子、孫女	退休、角色轉換、孫子孫女、重症、配偶死亡、駕駛中斷、重症治癒、復原
脆弱的老人	衰老、認知能力不足、摔傷風險、被騙的可能性、犯罪傷害	摔傷、受傷、接受照顧的人生
須依賴他人的老人	減少活動、治療	依賴他人的生活、失去對生活的控制、養老院

我和我的家人會發生什麼事情？請填寫下表，讓我們來預測一下吧！

誰？	2021 ~ 2030	2031 ~ 2040	2041 ~ 2050	2051 ~
我				

3 我的價值觀

價值觀具有把自己培養成更優秀人格的特性。下表十四項人生價值觀之優先順序，請填寫其對自己的重要順序。

人生價值		說明	優先順序
1	成就	完成工作所帶來的意義。	
2	唯美	享受美的本身。	
3	服務	有利於對方的關心。	
4	自主性	自我解決能力，決策的獨立性。	
5	創意	以啟發想像力來解決問題，以變革為導向的思維。	
6	感性	心靈和感情豐富的狀態。	
7	健康	身體狀態。	
8	正直	行為的公正性。	
9	正義	站在真理上。	

10	技術	有效運用自身知識的能力。	
11	愛情	愛情、無私主義的心情。	
12	子女	完整的家庭。	
13	富裕	擁有大量物質。	
14	智慧	洞察力、判斷力。	

4 我的幸福觀

當我得到什麼時，會覺得幸福呢？在下表中的二十個幸福因素中，請從中挑選出七項。

	幸福要因	說明	優先順序（選擇1～7名）
1	結婚	滿意的婚姻。	
2	個人的自律性	做想做事情之自由。	
3	權力	決定國家命運的機會。	
4	友情	朋友之尊重和愛。	
5	情緒穩定度	樂觀看待生活的自信心。	
6	家庭	幸福的家庭關係。	
7	外貌	被公認為最有魅力的人。	
8	健康	長壽無病。	
9	知識	博碩士學位。	
10	宗教	滿意的宗教信仰。	

11	穩定	一生當中的良好居住環境，經濟上的穩定。	
12	正義	無偏見的世界。	
13	愛他人之心	消除疾病和貧困之服務機會。	
14	名聲	國內外聲譽和人氣。	
15	快樂	享受快樂的人生。	
16	智慧	理解生命的意義和方式。	
17	正直	無負面和欺騙的人生。	
18	愛情	分享真正的愛情關係。	
19	職業的自律性	職場之自由。	
20	職業成就	在所挑選的職業上獲得成功。	

5 使命宣言

我為什麼出生？我的使命是什麼？所謂使命是指受託付的任務。個人的「使命宣言（mission statement）」，是指我為何而出生，以一句話來定義「今後剩餘的日子將價值放在什麼位置生活」。如果擁有「這就是我」這一句堅定不移的使命宣言，自己感受到了強大的動力，能夠輕鬆、迅速地做出無畏的決策。人生目標變得明確，可以變得非常有自信，判斷力也會更好、更有勇氣。如果你寫一份使命宣言刻在心裡過生活，未來可能會有所不同，這就是人生設計和使命宣言直接相關的原因。

使命宣言，是國中生也可以理解和記憶的簡單詞彙。先冥想後，再按照下列方框的格式書寫即可。

我，（姓名）和①對象（最讓我崇拜的集團／團體）一起，③動詞1、動詞2、動詞3（動詞1～3個）②核心價值的。

①是為了幫助別人而存在（環境、教會、健康、教育、國民、廣播、藝術、體育、貿易等）。

②是指珍藏到死亡那一刻，甚至於可以為其犧牲一切的權力、原因、價值、目的（快樂、服務、正義、家庭、創造力、自由、平等、信念、卓越等）。

③每個使命皆有行動隨之而來，而表示那些行動的詞。（教導、創造、建設、共有、競爭、提高、欣賞、監督、發現、保護、愛、承諾、生產、理解、引導、參與、創造、追求、合作等。）

現在邊想著前頁寫下的價值觀，並試著以一行字寫下自己的使命宣言吧，然後貼在你最常看的的地方吧！

大聲地重複說三次以上，就像你已經是那樣的人一樣，開始一天的生活吧！在生命結束的那天，試著不斷想像一下這個使命宣言會給你什麼樣的禮物。

為了想像自己二十年後的理想面貌，請回答下列問題：

願景——二十年後，你想成為什麼樣的人？

目標——我怎樣才能成為那樣的人？要經過哪些階段呢？

我的使命宣言

繪製未來面貌，設定長、短期執行目標，請填寫下面的表格。

目標的時間點	願景或目標
願景（20年後的面貌）	
中長期目標（5～10年）	
短期目標（1～3年）	

6 我花了多少時間在哪些活動上？

把時間花在生活的哪些領域上？知道優先次序嗎？是有意義的活動嗎？是為了我自己，還是為了別人。時間安排是否妥當？以後會不會後悔一事無成、虛度光陰呢？

慢慢思考下表，並寫下來，花點時間瞭解自己。

人生領域（人生過程）	優先順序	時間分配				
		十分不夠	不夠	適當	多	過多
經濟活動與財務目標（資金）						
工作和服務活動						
健康與運動						
家庭與家人關係						
興趣生活與休閒生活						
社會生活與友情分享						
自我潛能開發與進修						
愛情與建立人際關係						
學業與就業準備						
其他（　）						

7 過去和未來的生活品質

我過得很好嗎？這樣的狀態要持續下去嗎？讓我們按生活領域評估我過去的生活品質，並展望未來的生活品質（每個領域的繪圖方法如下表所示）。

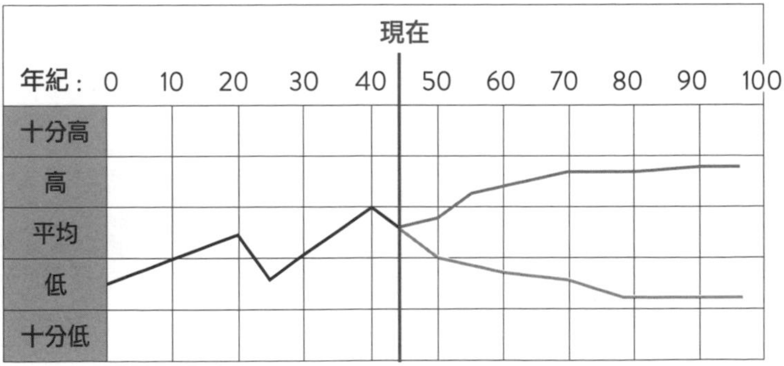

人生領域（人生過程）	生活品質（每個年齡層）年紀：0 10 20 30 40 50 60 70 80 90 100										
家庭與家人關係	十分高										
	高										
	平均										
	低										
	十分低										

人生領域（人生過程）	生活品質（每個年齡層）											
	年紀：	0	10	20	30	40	50	60	70	80	90	100
工作和服務活動	十分高											
	高											
	平均											
	低											
	十分低											
健康與運動	十分高											
	高											
	平均											
	低											
	十分低											
學業與就業準備	十分高											
	高											
	平均											
	低											
	十分低											
興趣生活與休閒生活	十分高											
	高											
	平均											
	低											
	十分低											

人生領域（人生過程）	生活品質（每個年齡層）年紀：	0	10	20	30	40	50	60	70	80	90	100
社會生活與友情分享	十分高											
	高											
	平均											
	低											
	十分低											
自我潛能開發與領域成長	十分高											
	高											
	平均											
	低											
	十分低											
愛情與建立人際關係	十分高											
	高											
	平均											
	低											
	十分低											
經濟活動與財務目標	十分高											
	高											
	平均											
	低											
	十分低											

8 評估自己實力的 SWOT 分析

充分發揮自己的聰明才智和優勢，就會走上光明的未來之路。同樣的，如果你意識到自己的缺點，並意識到如何克服它，自然就有可能減少發生問題。SWOT 分析有助於評估個人實力，採取相應的應對措施。

試著使用下表來對自己進行 SWOT 分析。

» **強項** Strengths » 我擅長什麼？ » 我擁有什麼樣的特殊條件嗎？ » 他人評價的自己強項為何？	» **弱項** Weaknesses » 我不足的地方是？ » 與其他人相較之下，不利的條件是什麼呢？ » 他人評價的自己缺點為何？
» **機會** Opportunities » 未來我有哪些機會？ » 我能利用什麼樣的變化趨勢？ » 如何將我的強項轉化為機會？	» **威脅** Threats » 哪些因素會危及到我？ » 如何對付其他人，尤其是我的競爭對手們？ » 我的哪些弱點會讓我陷入困境？

為未來設計人生

如果您透過前面的自我診斷，對自己有進一步的瞭解，那就可以理解下列圖表，並用此來設計自己的剩餘人生。

認真思考人生：尋找生命的意義，確立人生的目的。對於「出生和死亡的意義」、「為什麼而活」、「如何生活才是有價值的生活」等問題進行深度冥想。前面的自我診斷過程就屬於這個範疇。

設定夢想和願景：訂定我生活過程中渴望實現的可見未來，十年後、二十年後，想像我未來老後的樣子，用一句話寫出我的願景。一邊想像

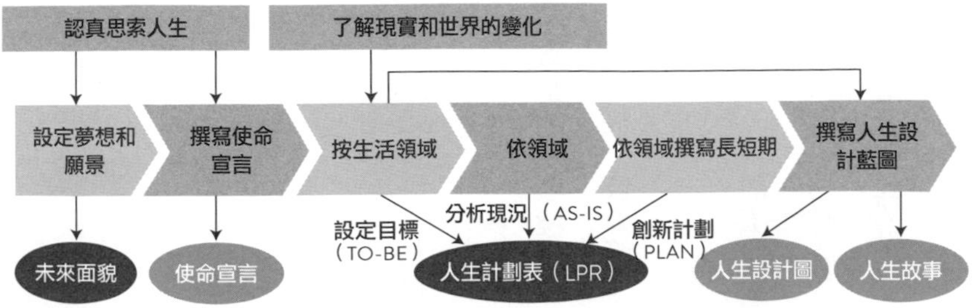

一下我未來十年、二十年或晚年的樣子，邊用一句話寫下願景，反映出自己所定義的幸福人生和成功為何。

撰寫使命宣言：基於價值觀，用一句話來概括自己存在的原因。對於自我判斷和行為應該賦予確信和妥當性，並清楚地知道為了達到此目的，會給誰帶來什麼樣的後果。

例如：「我的使命是傾聽未來不安的年輕人的聲音，分享生命智慧，為建設健康社會做出貢獻。」（參考見使命宣言）。

對現實和世界變化之瞭解：在設定具體目標之前，須瞭解當前的環境，並透過知識、閱讀、教育，以洞察世界和周圍環境（社會、政治、科學技術等）之變化。

分析現況（as-is）：回顧和反思過去，並瞭解每個生活領域，包括工作、學習、健康、運動、家庭關係、愛好和休閒生活、社會生活和友誼、精神成長和潛能開發、愛和姻緣、經濟活動等，各個生活領域的二至三個優點和缺點。

設定各個領域的目標（to-be）：設定每個生活領域必須達成的目標，以實現願景。各個領域縮減成二至三個目標，並整理在人生計劃表裡。

擬定創新計劃（plan）：創新地改變生活、開拓未來，從現在（as-is）到目標點（to-be），每個領域只制定了兩到三個具體的執行計劃，此計劃是改變生活的再造過程（LPR/life process re-engineering）。

撰寫人生設計圖：截至達成實現願景之前，依二年、五年、十年、二十年和老年期等各個期間，繪製成一張包括執行計劃過程的中間點之人生設計圖。圖片的格式，以年齡劃分的路線圖、地鐵路線圖、表格和資訊圖表等，富有創意的格式更好！

撰寫人生故事：以願景、使命宣言和人生設計圖為基礎，撰寫「我的人生故事」短篇筆記，但假設你可以與周遭的人共用，內容就應該包含感動和信賴感。建議可以拍攝三至五分鐘的影片。

為幸福未來所設計＿的人生

日期：年　月　日

■ ＿年後的未來願景（未來面貌）用一句話寫下自己未來所希望的面貌

■ 使命宣言（生命存在的原因）依照「我的使命是為了＿，而＿，＿的」公式。

■ 人生計劃表（LPR：生命過程再造）

人生領域（人生過程）	透過診斷和反思分析過去和現在（AS-IS 診斷）	為實現願景的未來目標（TO-BE 設定）	為實現目標的未來活動計劃（當前→未來創新 PLAN）
家庭與家人關係	» » »	» » »	» » »

興趣生活與休閒生活	健康與運動	工作和服務活動
›››	›››	›››
›››	›››	›››
›››	›››	›››

經濟活動與財務目標（金錢）	自我潛能開發	社會生活與友情分享
︾ ︾ ︾	︾ ︾ ︾	︾ ︾ ︾
︾ ︾ ︾	︾ ︾ ︾	︾ ︾ ︾
︾ ︾ ︾	︾ ︾ ︾	︾ ︾ ︾

■ 生活設計圖（未來面貌）（自由繪製圖表或路線圖）

▪ 以人生計劃書為基礎，寫下自己的人生故事。

結語

我覺得在輔導中，媽媽們最需要的是「完全做自己的時間」。每次的輔導時間約為一個小時，而媽媽們每次的輔導時間，很難保證一定在一個小時內結束。就像劈柴的時候，偶爾會先檢查一下斧頭的銳利度後再工作，若不檢查就直接劈柴的結果，我相信大家連想都不用想都知道答案。因此我想給她們一些時間來自我檢查，因此我不僅在白天，就連在晚上十點或凌晨四點，只要她們時間上允許，我都願意進行輔導，熬夜和她們交談，一起歡笑和哭泣。隨著時間的流逝，我衷心地想為她們創造完全屬於她們專有的時間，而不是一次性的。

在寫作工作接近尾聲的今年二月，我成立了名為「網路黎明圖書館」的開放式聊天室。此聊天室是以 Zoom（視訊軟體）的型態在黎明時開設，從凌晨五點到七點打開 Zoom，即可在任何時間自由進入，做自己想做的事情。

但只有一個條件，必需保持 Zoom 視頻螢幕處於打開狀態即可，我想讓各位感受到在一起的力量。

自二〇二一年二月二十二日網路黎明圖書館開館後，目前已有一百多人參與。下列參與者是自開館日起，和我一起成功挑戰網路黎明圖書館開館一百天的朋友。

姜惠媛、金京仁、金多貞
金智愛、金恩靜、金賢智
盧恩子、朴南淑、朴英愛
李美姬、李敏英、鄭惠妍

把在世界各地，默默地竭盡全力生活的她們之名字公布出來，讓她們當主角。隨著時間的推移，一百天的成功者，將增加為二百天、三百天，我們共同創造的未來將更加散發出光芒。

初創時期只有一個人，以後就有幾十個人連在一起。一般人會覺得：「是

誰開始的？他很了不起。」德瑞克．西佛斯（Derek Sivers）丟出了一個有趣的訊息，但真正開創的英雄不是他，而是第二個人，也就是追隨者。

如果第二個人沒有站出來，第一個人只是我們周圍的無數瘋狂者之一。要使瘋狂運動蔚為風潮，必須要有第一個追隨者，他比開創者更為重要。不是一個人改變世界，只有人際關係才能改變世界。當兩個人的關係變成三人關係、四人關係，進而建立無數的關係時，終究可以改變世界。事實上，一個人能做的是很有限的，是什麼都不能做。

——金相旭等七人《提問成為答案的瞬間》樹之心

這真是最符合我們狀況的文章，人們跟我說：「謝謝您幫我們開設了網路黎明圖書館」，但我知道，如果沒有這些參與的人，我們不可能一直持續到今天。有人在這裡讀書、跑步和寫作。雖然各自做不同的事，但在同一空間裡的感覺，彼此互相帶給對方的影響是極大的。不是談孩子、先生和婆家的事情，而是一邊談論自己的夢想、一邊開懷大笑。

她開始笑，她的家人也會開始跟著笑。我先生開始笑了，我也會跟著笑。我先生最近跟我說的話當中，有一些話是我想分享給大家的。

他說：「世演，我幫你的書寫推薦序了。」在此介紹一下我先生金正賢所撰寫的推薦詞部分內容。

✕✕✕

小敏三歲、小媛一歲的時候，我們和房地產老闆一起去找房子的過程中，在車子裡我問妻子：「世演你照顧小孩很辛苦吧！」妻子以落淚代替回答。不是輕聲哭泣，而是大聲痛哭。我猜她是在撫養兩個差兩歲姐妹時，所累積的疲憊情緒瞬間爆發出來。此時的我百感交集，有悲傷、有驚惶失措等情緒。婚前的妻子活力充沛、樂觀開朗，但婚後在職業生涯中斷的情況下照顧孩子，經歷了非常艱辛的過程。

我能為妻子做的就是一起照顧孩子，一起共同面對，但她的內心裡似乎有個無法完全填補的空缺。原本無精打采的她，現在每天很開心地花費往返近三個小時的通勤時間去公司上班，還熬夜撰寫研究所作業，天將破曉之前就起床寫書，破曉時分還會出門跑步。本來覺得她應該頂多撐一、兩天，就會放棄吧！然而，她的精力卻與日俱增，現在還會和我、孩子們一起去跑步、看書。

當我的妻子感到疲憊時，我也會無精打采。妻子精神振奮時，全家人的精神也跟著振奮起來。我問妻子：「現在這種能量是從哪裡產生的？」妻子毫不猶豫地回答：「現在我感覺自己還活著，但怎麼能坐以待斃呢？」妻子覺得自己還活著，所以跑步、寫書、寫論文，每天都燦爛地微笑。

讓妻子找回活力的「輔導」，以它為主題撰寫書籍的妻子真的很厲害。有一天我反覆思索後，害羞地對著妻子說：「世演，也來幫我輔導一下吧！」妻子抱著我說：「這是你對我說的話語中，最令我感動和甜蜜的一句。」平常抱怨我個性很木訥的妻子，竟然說我很甜蜜。一本充滿溫暖的輔導故事書籍問世，讓她不再只是扮演妻子、母親、媳婦和女兒角色，而是以權世演本人的角色呈現。相信這本書也將會為貴府的妻子找回笑聲，所以強力推薦本書。

×××

覺得不管做什麼，好像都在為不屬於我的東西而努力，總覺得有那百分之一的不足，看到先生所寫的推薦序之後，有種找到了答案的感覺。那就是，當我站穩腳步時，全家人也都能跟著一起幸福。

殷切地期盼閱讀本書的她和她的家人可以變得幸福，哪怕只有百分之一的幫助，也想將本書送到她所在的世界。

Orange Life 19

當媽媽也可以不心累

—透過情緒教練課，教媽媽們擺脫負能量、學會愛自己

作者 權世演

出版發行

橙實文化有限公司 CHENG SHI Publishing Co., Ltd
粉絲團 https://www.facebook.com/OrangeStylish/
MAIL: orangestylish@gmail.com

作　　者 權世演
翻　　譯 譚妮如
總 編 輯 于筱芬 CAROL YU, Editor-in-Chief
副總編輯 謝穎昇 EASON HSIEH, Deputy Editor-in-Chief
業務經理 陳順龍 SHUNLONG CHEN, Sales Manager
行銷主任 張佳懿 KAYLING CHANG, Social Media Marketing
美術設計 楊雅屏 Yang Yaping
製版／印刷／裝訂 皇甫彩藝印刷股份有限公司

엄마인 당신에게 코치가 필요한 순간

編輯中心

ADD ／桃園市大園區領航北路四段 382-5 號 2 樓
2F., No.382-5, Sec. 4, Linghang N. Rd., Dayuan Dist., Taoyuan City 337, Taiwan (R.O.C.)
TEL ／（886）3-381-1618 FAX ／（886）3-381-1620

全球總經銷

聯合發行股份有限公司
ADD ／新北市新店區寶橋路 235 巷弄 6 弄 6 號 2 樓
TEL ／（886）2-2917-8022 FAX ／（886）2-2915-8614

初版日期 2022 年 1 月